JN410737

구석기 시대에도 고3이 있었을까?

김하은 저

불완전한 19살이 쓴 에세이

플랫폼연구소

구석기 시대에도 고3이 있었을까?

김하은 저

<베르나르 베르베르의 상상력 사전>으로부터

목차

[Brainstorming] 상상

— 시작

이 책은 <베르나르 베르베르의 상상력 사전>이라는 책으로부터 아이디어를 얻어 탄생하였다. 비유를 하나 하자면, 이 책의 고향이 <베르나르 베르베르의 상상력 사전>이라고 할 수 있다. 거기서 부터 태어났기 때문이다. 하지만 어떻게 표현할 것 인가는 오로지 내 생각에 달렸기 때문에 같은 것을 보고 생각을 해도 다 다른 것처럼 이 책도 그러한 매력을 가지고 있을 것이다. 전혀 예상하지 못하는 그러한 매력 말이다.

구석기 시대에도 고3이 정말 있었을까? 있었다면 행복했을까? 학폭은 없었겠지? 왕따도 없었을까?

– 다양한 사람들

세상에는 다양한 사람들이 정말 많다. 물론 나도 누군가에겐 그 많은 다양한 사람 중 한 명일 거다. 그 다양함을 좋아하는 사람도 있고, 달가워하지 않는 사람도 있다. 더 깊게 파고들면, 다양함은 우리에게 많은 영향을 끼친다. 때론 깊은 깨달음과 배움을 주기도 하고, 때론 깊은 갈등을 주기도 한다. 그럼에도 나는 그 다양함이 좋다. 왜냐하면, 극단적으로 다양함 없는 세상은 로봇 세상과 같기 때문이다. 모두가 똑같은 그러한 세상 말이다.

—솔직히 말하면

솔직히 말하면, 나는 도전을 두려워한다. 도전을 또래보다는 많이 해본 편이라고 소신 있게 이야기 할 수는 있지만 나는 아직 도전이 두렵다. 사실은 도전이 귀찮다. 하지만 도전을 해서 후회한 적은 없다. 그 순간에는 '아차!' 하며 잠깐 '후회'라는 단어가 머리에 스칠 때는 있었지만 지금 와서 돌이켜보면 그것은 결국 나쁘지 않은 또는 좋은 선택이었다. 그렇기에 나는 계속 무언가에 흥미를 느끼고 도전해보려고 노력하고 있다.

– 의미

의미. 나는 시간이 된다면 최대한 많은 사람에게 삶의 의미에 대해 질문해보고 싶다. 사람들은 자신이 원해서, 선택해서 태어난 것도 아닌데 대부분 사람이 열심히 살려고 노력하고 열심히 산다. 그러한 모습을 보고 삶의 원동력이 되기도 하지만 궁금한 것도 참을 수 없다.

무엇을 위해 그들은 그렇게 열심히 사는 걸까? 물론 지금 이러한 질문을 던지는 나도 열심히 살려고 노력하고 열심히 살고 있다. 나는 도대체 왜, 무엇을 위해 이렇게 발버둥 치며 사는 걸까? 만약 삶이 그저 생존하기 위해, 다른 사람들이 열심히 사니까 열심히 사는 거면 어떠한 의미를 지니는 걸까?

—

- 가끔

가끔은 나도 어린아이였을 때로 돌아가고 싶다. 아마 지금 내가 지고 있는 책임을 회피하고 싶어서 그런 생각이 들었던 것 같다. 그런데 그래도 이것이 진짜로 일어나지 않을 하나의 작은 상상일 뿐인 걸 알기 때문에 마음 편히 이러한 말과 생각을 할 수 있는 것 같다. 만약 나의 모든 말과 생각이 진짜로 일어난다면 과연 이것을 아무 생각 없이 할 수 있었을까?

오늘은 잠깐 산책을 하다가 동네 놀이터에 들렀다. 그냥 오랜만에 아이들의 웃음소리와 에너지를 보고 싶었다. 그렇게 운동을 하며 지켜보다가 문득 몇몇 아이들에게 응원을 해 주고 싶다는 생각이 들었다. 그리고 문득 성경에 아이들과 같이 되지 않으면 천국에 들어가지 못한다는 구절이 생각났다. 그러한 관점으로 아이들을 보니까 굉장히 색달랐다.

－터무니없는 상상

나는 터무니 없는 상상을 하는 사람이 멋있다. 딱히 이유는 없다. 나도 이상적인 편이기는 하지만 터무니없는 상상은 하지 않는다. 아니, 못한다. 상상도 재능인 것 같다. 그렇기에 '하지 않는다' 라는 표현보다는 '못한다' 라는 표현이 더 맞는 것 같다. 터무니없는 상상을 하는 사람이 멋있는 이유도 내가 하지 못하는 것, 즉, 나는 가지고 있지 않은 재능을 가지고 있기에 부러워하는 것일수도 있다. 더 나아가, 그러한 상상을 어떠한 기술을 사용해 표현해내는 사람도 굉장히 멋있고 존경한다.

－

— 정답

우리는 살다 보면 크고 작든 많은 결정을 내려야 한다. 그리고 사람들은 인생에 '정답'이란 것에 집착 아닌 집착을 한다. 그런데 나는 그때마다 '우리의 인생에 정답이 꼭 필요한가? 없어도 되는 거 아닌가?' 이라는 생각이 든다. 왜냐하면, 우리의 인생은 마치 파도와 같아서 하루에도 몇 번씩 휘몰아친다. 이것은 큰일이 일어난다는 것이 아닌 예상치도 못한 일이 하루에도 몇 번씩 일어난다는 것이다.

같은 하루 같아도 같은 하루는 절대 존재하지 않는다. 절대 존재할 수가 없다. 내가 이렇게 자신 있게 이야기할 수 있는 이유는 세상에는 우리가 통제 할 수 없는 것이 존재하기 때문이다. 예를 들면, 날씨와 시간 말이다.

—사랑

나는 감정이 초월적인 힘을 가지고 있다고 생각한다. 많은 감정 중에서도 특히 사랑이라는 감정이 가장 대단하다. 그 감정은 우리에게 선택권을 주지 않는다. 제멋대로 하는데 우리는 거기에 끌려다닌다.

아마 '사랑'이라는 감정은 우리에게 가장 많은 영향을 주는 감정인 것 같다. 우리 주변에 노래, 드라마, 영화를 보면 가장 자주 등장하는 주제가 사랑이다. 이는 그만큼 많은 사람이 이것에 공감하고 관심이 있는 것을 의미한다. 어쩌면 이 세상에서 가장 공평한 것은 돈도 아니고, 생명도 아니고, 사랑이 아닐까 싶다.

—

— 한계

우리는 어떠한 일을 겪을 때 그 어떠한 일이 아무리 힘든 일이어도 그것보다 더 힘든 일을 겪거나 겪게 되면 그 일이 아무렇지 않게 느껴진다. 아마 비교적 더 나은 일이기 때문인 것 같다. 그래서 나는 우리 자신이 우리가 보통 생각하는 것보다 더 대단하다고 생각한다. 왜냐하면, 그렇게 어떠한 일보다 더 최악의 일을 겪게 되면 우리는 더 단단한 사람이 되고 적응하기 때문이다. 과연 우리의 한계는 어디일까?

— 시간

시간은 흐른다. 그것도 아주 빠르게, 그것도 아주 느리게. 우리는 느끼지 못한다. 어쩌면 시간이 흘러가는 게 흘러가는 것이 아닐지도. 어쩌면 우리가 만든 하나의 숫자일 뿐일지도. 왜냐하면, 시간이 흐른다는 것을 증명할 수 없기 때문이다. 시간이 과연 시간일까? 아니면 그저 우리의 약속일까? 우리가 예전부터 오랫동안 그렇다고 생각 해와서 그것이 진실이라고 믿는 것처럼.

— 진실

어쩌면 세상에 진실이란 것이 존재하지 않을 수도 있다. 진실은 우리의 눈에 보이지도 않고 느낄 수도 없다. 무엇보다 우리가 그것을 증명해낼 방법이 없다. 진실을 증명하기 위해서는 진실이 필요하기 때문이다. 그렇기에 나는 혼란스럽다. 그리고 마침내 간단한 결론을 내렸다. 진실은 그저 하나의 단어에 불과하다. 과연 무엇이 진실일까?

-트루먼 쇼

아마 '트루먼 쇼' 라는 영화를 본 적이 있다면 이러한 생각을 한 번쯤은 해봤을 것이다, '어쩌면 나 빼고 모든 것이 가짜일 수도 있지 않을까?' 아니면 '어쩌면 모든 사람이 나를 속이고 있는 것이 아닐까?' . 사실 나는 '트루먼 쇼' 라는 영화를 보진 않았다. 줄거리만 보고 읽어봤을 뿐. 사실 이 영화를 알기 전에는 이러한 생각을 전혀 해본 적이 없었다. 그래서 이 줄거리를 읽고 난 뒤 잠깐 상상에 잠겼다. 그리고 영화를 즐겨보지 않는 내가 이 영화를 기억하고 있다는 것은 그만큼의 충격을 선사해주었다는 뜻인 것 같다. 물론 좋은 의미의 충격이었다.

– 자연

자연은 과연 우리에게 어떠한 존재일까? 자연은 우리가 힘들 땐 위로해주고, 가끔은 우리를 힘들게 한다. 아마 우리가 자연으로부터 얻는 게 더 많을 것이다. 나는 적어도 그렇게 느낀다. 왜냐하면, 그렇기에 우리는 자연 없이 살 수 없기 때문이다. 아마도 나는 자연을 의지하지 않으면서도 가장 의지하는 사람 중의 한 명인 것 같다. 이것은 어쩌면 누구나 그러는 당연한 일 중의 하나인 것 같다. 마치 누구나 지고 있는 노을을 보면 어린 아이처럼 돌아가는 것처럼.

– 달

달이 보인다. 달은 밤에 보인다.
우리 눈에 보이는 게 정말 달이 맞을까?
과연 누가 저 동그라미에 "달" 이라는 이름을 지어주었을까?

달에서 방아 찧는 토끼는 아직 잘살고 있을까?

혹시나 달에 착륙한 인간들 때문에 놀라진 않았을까?

—평범한 하루

여느 때와 다름없는 평범한 매일 똑같은 하루를 보내도 하루에도 몇 번씩 흥미로운 일들이 무수히 일어난다. 똑같지만 똑같지 않은 하루. 365일을 똑같이 살아도 그 시간 1분 1초가 다 달랐을 것이다. 과연 우리는 무엇의 영향을 받은 것일까? 오늘은 한번 같은 하루를 보내봐야겠다.

— 욕심

인간의 욕심은 끝이 없다고 한다. 하지만 그것이 어쩌면 욕심이 아닌 그저 우리의 욕구일 수도 있다. 그렇기에 욕심을 부리는 것을 마냥 나쁘다고 나무랄 수만은 없는 것 같다. 누구나 욕심을 부릴 수 있다. 우리는 우리의 본성을 가지고 나무랄 수 없지 않은가? 물론 그 본성이 다른 사람에게 피해 주지 않는 한 말이다. 만약 이러한 본성이 다수의 사람으로부터 비판을 받는다면 그것은 우리가 풀어나가야 할 또 다른 문제일 것이다.

– 반문

나는 내 주관적인 의견이 가득 담긴 이 간략한 글들을 읽고 내 의견에 반문하는 사람이 꼭 있었으면 좋겠다. 그리고 그 반문의 의견을 부디 나와 공유해줬으면 좋겠다. 절내 싸우려고 그러는 게 아니라 그저 나와 다른 의견을 가진 사람의 의견이 궁금해서다. 그리고 어쩌다가, 왜 그렇게 생각하게 되었는지 궁금해서다.

그저 나는 사람을 좋아하는 사람으로서 다양한 사람들과 이야기를 하고 싶을 뿐이다. 어느 연락망을 사용해도 좋으니 당신의 의견이나 생각을 공유해줬으면 좋겠다. 꼭 반문이 아니어도 좋다. 정말 주관적이고 터무니없는 생각이어도 괜찮다. 나는 그런 것이 오히려 좋다.

－지금

이 글을 쓰고 있는 '지금', 나는 귤을 먹고 있다. 세부적인 내용을 더 추가하자면 노래도 듣고 있다. 요즘 빠진 노래가 한 곡 있다. 9와 숫자들의 <빙글>이다. 진짜 좋다. 요즘 갑자기 물리에 관한 영상을 몇 개 보게 되었는데 거기서 '지금'이라는 단어가 실존하지 않는다고 한다.

시간은 계속 흐르고 있고 제각각 다른 시간대를 살고 있기 때문이라고 한다. 그래서 내가 지금 존재하고 있는 지구에서 현재를 뜻해도 다른 행성에서는 그 현재가 4년 후를 의미할 수도 있다고 한다. 그러면 다른 행성에서는 내가 지금 당장 귤을 먹고 있는 것이 아니라 4년 후 귤을 먹고 있다는 걸까? 사실 내가 잘 이해한 건지는 잘 모르겠다.

－아무 말

나는 빗소리와 류이치 사카모토의 음악을 들으며 글을 다시 한번 쓰고 있다. 그런데 나는 이 노래를 들을 때마다 내가 공감을 했던 때가 생각난다. 이게 무슨 뜻인지 궁금하지만 나도 알 수가 없다. 왜냐하면, 이걸 쓰다가 노트북 배터리가 없어서 바로 꺼졌기 때문이다. 그래서 알고 싶으면 과거의 나에게 물어봐야 한다. 하지만 과거의 나에게 물어봐도 이걸 기억하고 있을 거라는 보장이 없다. 이게 도대체 무슨 말인가 하면. 그저 '아무 말'이다.

－그저께

나는 '그저께' 라는 단어를 제대로 사용하게 된 지 별로 되지 않았다. 왜냐하면, 그동안 어저께라는 단어가 그저께라는 단어의 뜻이 있는 줄 알고 사용했기 때문이다. 그래서 나는 '어제, 그저께' 가 아닌 '어제, 어저께' 라고 알고 있었다. 이 사실을 알고 보면 그동안 그저께라는 단어는 되게 씁쓸했을 것 같다.

왜냐하면, 어저께라는 단어는 되게 많이 알아주고 사용되는데 그저께라는 단어는 사람들이 잘 모르고 잘 사용되지 않기 때문이다. 그리고 영어로 어제는 yesterday이라는 고유 명사가 있지만, 그저께는 없다. 그래서 나는 예전에 그저께라는 단어를 영어로 몰라 'yesterday, yesterday' 라고 표현했었다. 이 한 단어를 통해 세상의 '가지고 있는 것' 에 대해 생각이 났는데 거기서 씁쓸함이 느껴졌다.

– 흐름

나도 이 책의 흐름이 어떻게 흘러가는 건지 잘 모르겠다. 그래도 하나 확실한 건 내 머릿속과 비슷하다는 것이다. 마치 이 책이 <베르나르 베르베르의 상상력 사전>으로부터 태어난 것처럼 이것도 내 머릿속으로부터 탄생하였다. 그래서 나는 예상할 수 없는 그리고 알 수 없는 이 흐름이 참 좋다. 예상할 수 있는 것은 생각보다 지루한 일이기 때문이다.

— 탄생

무언가를 탄생시키는 건 생각보다 쉬운 일 같다. 나는 누군가가 영감을 받고 그 영감에 따라 어떠한 것을 창조해내는 것 또한 태어났다고 표현한다. 이때, 영감의 원천은 이것을 통해 누군가가 영감을 받을 것이라고 생각을 못 했을 것이다.

그냥 자기 생각을 표현한 것뿐인데 누군가가 그것을 통해 깨달음을 얻을 것일 뿐일 거다. 그렇기에 나는 예상치 않아도 무언가를 탄생시킬 수 있는 현상을 보고 이것이 생각보다 쉬운 일 같다고 생각했다. 그리고 이것이 예측 불가능한 인생에 하나의 '재미' 아닐까 싶다.

– 갈등

갈등은 누구나 반가워하지 않는 주제일 것이다. 나 또한 마찬가지다. 나는 내 성격상 특히나 더 갈등을 반가워하지 않는 사람이다. 그런데 인간은 원하는 일만 하고 살 수는 없는 법. 갈등은 언제나 우리 주변에 있다. 그리고 갈등은 적어도 매일 일어난다. 그래서 나는 세상을 사는 것이 조금 힘들다. 그렇다고 피할 수도 없는 법이다.

그래서 내가 생각해낸 방법이 '적응하기' 이다. 갈등 상황도 많이 겪다 보면 적응이 되지 않을까? 적응한다고 달라질지는 모르겠지만 그래도 전보단 낫지 않을까? 우리는 하루하루 더 나은 사람이 되어가고 있다. 그것을 직접 느끼지는 못하지만. 나는 자신 할 수 있다.

– 맛있는 음식

아, 배고픈데 떡볶이나 먹어야겠다. 과연 이 세상에 맛있는 음식을 싫어하는 사람이 몇이나 될까? 있기는 할까? 만약 그런 사람이 존재한다면 인터뷰를 해보고 싶을 만큼 신기하다. 내 편견일 수도 있지만 예기치 못한 상황으로 음식을 못 먹게 되는 것이 아닌 이상 맛있는 음식을 싫어하는 사람은 이 세상에 없을 것 같다. 여기서 맛있는 음식의 더 자세한 의미는 자신의 주관적인 입장에서 맛있는 음식이다.

-거리 두기

많은 사람이 요즘 코로나 때문에 '거리 두기'를 실천하고 있다. 그런데 나는 지금 자가격리 중이라 집에서 아예 나가지 못하는 상황이라 '거리 두기'를 실천하고 싶어도 못하는 상황이다. 그래서 나는 휴대폰과 '거리 두기'를 실천하려고 한다. 왜냐하면, 앞서 말했듯이, 자가격리 중이라 밖에 못 나가서 온종일 휴대폰만 붙들고 있기 때문이다. 거의 중독인 것 같다.

그래서 나는 오늘부터 휴대폰과 거리 두기를 실천하려고 한다. 그래서 지금 이렇게 글도 꽤 오래 쓰는 중이다. 평소 같았으면 2, 3개만 쓰고 휴대폰을 하고 있었을 것이다. 그런데 막상 이렇게 결심을 하고 직접 해보니까 생각보다 어렵지는 않은 것 같다. 다행이다.

- 노래

나는 사실 휴대폰이 없어졌으면 하는 사람 중에 한 명이다. 물론 나도 휴대폰을 많이 사용하고 덕분에 편리하다고 생각한다. 하지만 만약 휴대폰이 존재하지 않았다면 내 삶이 지금보다 더 가치 있는 삶이 되었을 것 같다. 그래서 나는 휴대폰을 막 좋아하는 편은 아니다.

하지만 만약 노래가 존재하지 않았다면 삶이 조금 우울했을 수도 있을 것 같다. 왜냐하면 “음악은 국가가 허락한 유일한 마약” 이라는 말이 있듯이 노래는 우리 삶에 꽤 많은 영향을 끼치고 있기 때문이다. 아마 노래가 없었다면 청각의 행복을 전혀 느끼지 못했을 것이다.

— 뇌

나는 우리의 뇌에 대해 잘 알진 못하지만 정말 이상한 것 중에 하나라고 생각한다. 어떻게 이렇게 작은 것에서 우리가 무한한 생각을 하게 해줄까? 신체와 정신은 정말 다른 것 같다. 신체적 한계는 우리가 직접 느끼거나 경험할 수 있지만, 정신적 한계는 그러지 못하기 때문이다.

정신적 한계는 우리가 알지 못한다. 알도리가 없다. 가늠조차 불가능하다. 그렇기에 뇌는 미지의 공간이라고 생각한다. 과연 우리가 죽기 전에 뇌에 대해 확실히 알고 죽을 수 있을까? 조심스럽게 미래에 대해 예측을 하나 하자면, 세계 종말이 일어날 때까지도 정확히 알지는 못할 것 같다.

– 무지

나는 무지한 사람이다. 생각이란 걸 잘하지 않는 데다가 이상적인 사람이라 더욱 그러한 듯하다. 그렇다고 해서 인생을 사는데 다른 사람들보다 더 어려움을 느끼거나 그러한 것은 아니다. 그저 여분에 대한 것을 알지 못하는 것뿐이다.

그렇다고 해서 행복하지 않다거나 그러한 것은 전혀 없다. 오히려 생각이 간단하기에 인생이 더 복잡하지 않게 느껴진다. 그리고 간단하게 생각하기에 더 사소한 것에서 행복을 느낄 수 있다. 어쩌면 가장 복잡한 문제를 풀 수 있는 것은 가장 간단한 방법일 수도 있다. 어려운 문제를 푼다고 해서 꼭 어려운 방식을 써서 풀라는 법은 없다.

– 궁금증

인간은 살면서 궁금증 하나는 꼭 남겨놓는 것 같다. 많은 일이 우리의 궁금증으로부터 시작된다 해도 과언이 아니다. 그렇기에 우리는 궁금증으로 시작해 궁금증으로 끝난다고 할 수 있다. 그리고 무언가를 궁금해하는 생각이 있다는 점이 동물과 인간의 다른 점 아닐까? 그 궁금증에 대한 최소한의 답을 찾을 수 있는 것도 결국 인간이긴 하지만.

— 행복

우리는 왜 꼭 행복해야 하고 행복해져야 할까? 나는 사람들이 행복을 왜 그렇게 갈망하는지 잘 모르겠다. 물론, 행복하면 좋지만, 불행할 수도 있는 거 아닌가. 살면서 우리는 행복만 할 수는 없다. 왜냐하면, 인생은 길고, 그사이에 예측하지 못하는 많은 일이 일어나니까. 그래서 나는 사람들이 불행도 받아들였으면 좋겠다. 그저 행복할 땐 행복하게, 불행할 땐 불행하게. 그렇게 살다 보면 그냥 그 자체가 인생 아닐까?

—

– 동심

어쩌다가 동심은 어린아이들에게만 존재하는 것이 되어버렸을까? 과연 우리의 동심을 빼앗아간 사람은 누굴까? 우리가 더 이상 산타 할아버지의 존재도 믿지 않게 된 건 언제부터일까? 하다못해 이제는 사소한 것에도 의심하고, 언제부터 사람을 잘 못 믿게 되었을까? 이건 과연 축복일까? 저주일까?

— 바램

모든 사람의 인생을 하나하나 곱씹어 보게 되면 아마 한 인생도 빠짐없이 다 안쓰러울 것 같다. 왜냐하면, 우리는 알게 모르게 발버둥 치며 치열하게 살고 있기 때문이다. 그리고 겉으로는 보이지 않아도 누구나 아픔 하나씩은 마음속 깊이 가지고 있기 때문이다. 그래서 나는 마음속 깊은 곳에 모든 사람이 행복했으면 하는 바람을 하나 가지고 있다. 아무리 현실성 없는 바람이어도 간절히 바라다보면 언젠가 드러나지 않을까?

—

ㅡ감정 전달

감정은 어떻게 전달이 되는 걸까? 우리는 누군가가 자신의 감정을 꼭 말하지 않아도 촉으로 그 누군가의 감정을 알아챌 수 있다. 나는 이것이 감정이 전달되기 때문에 가능한 일이라고 생각한다. 그런데 이 현상이 아니어도 감정이 전달되는 것 같은 다른 현상도 있다. 예를 들어, 슬픈 영화를 보거나 슬픈 노래를 들을 때 누군가의 감정이 나에게 전달되어 나도 슬퍼지는 것처럼. 요즘에 이것을 '공감' 이라고 부르는 것 같다.

ㅡ

— 졸린 상태

나는 지금 굉장히 졸린 상태이다. 하지만 시차 적응을 하기 위해 쏟아지는 잠을 버티고 있다. 졸린 상태에서는 제정신이 아닌 것 같다. 그래서 글도 못 쓸 뻔 했지만 아무 생각도 하지 않고 그냥 책상에 앉았다. 그랬더니 생각했던 것만큼 힘들지는 않았다. 엄청나게 졸린 상태여도 글은 꽤 쓸만한 것 같다. 다행이다. 내일 제정신인 내가 이 글을 읽고 어떻게 생각할지는 모르겠지만 모든 일에는 그러한 이유가 있듯이 이것도 그러한 사정이 있었을 거라고 아마 생각하지 않을까?

—

– 거울

양치하던 도중 거울을 봤다. 거울을 봤는데 내가 보지 못하는 모습을 보여주어서 신기했다. 예를 들면 나는 내 모습을 보지 못하는데 거울을 통해 내가 어떻게 생겼는지 다른 사람들에게 내가 어떻게 보이는지를 알 수 있는 것처럼 말이다. 거울은 누가 어쩌다가 발명하게 되었을까? 과학과 거리가 먼 사람으로서 거울처럼 반사되는 이 현상의 이름은 무엇일까? 그리고 거울에 비치는 우리의 모습이 진짜 우리의 모습이 맞을까?

–

– 잠

잠이 온다. 잠이 올 땐 자면 된다. 자고 나면 어떻게 잠이 더는 오지 않게 되는 걸까? 그저 뇌를 쉬게 해주었다는 것 하나만으로 우리의 체력이 회복된다는 점이 참 신기하다. 아마 나중에는 뇌를 쉬게 하려고 잠을 자는 것 말고 대체할 수 있는 무언가가 나타나지 않을까? 미래의 기술력이라면 충분히 가능할 거라고 본다. 그런데 그러면서 우리의 몸은 더욱 혹사당할 수도 있겠다.

— 질과 양

만약 질과 양이 있다면 당신은 무엇을 고를 것인가? 아마 질을 많이들 고르지 않을까 싶다. 하지만 나는 둘 다 고를 것이다. 왜냐하면, 질문에서 하나만 고르라고 하지 않았기 때문이다. 이렇듯이 살면서도 미묘한 속임수를 가지고 살아가는 사람들이 있다. 그런데 그건 그 사람의 인생이니 내가 참견할 수도 없는 노릇이다. 그래서 나는 내 삶에 집중하며 살아가기로 했다. 이 점이 인생을 살아가면서 가장 편하게 살 수 있는 중요한 삶의 지혜 같다.

— 배울 점

나는 이 책에서는 딱히 배울 점이 없는 것 같다. 왜냐하면, 세상에는 나보다 더 다양한 지식을 가지고 있고 대단한 사람들이 매우 많기 때문이다. 그런데 거기에 비하면 나는 아직 인생을 덜 산, 아직 배울 게 많은 18살 아이일 뿐이기 때문이다. 다만 누군가는 이 책을 읽고 타인의 생각에 대해 호기심을 느꼈으면 좋겠다. 그리고 읽으면서 한 번씩 내 관점과 생각을 이해도 해줬으면 좋겠다.

— 나

나라는 주체가 내 삶에 완전하게 되기까지 과연 얼마나 걸릴까? 나는 이것이 아마 우리의 숙제가 아닐까 싶다. 나에게는 아직 멀게만 느껴지는. 그러한 인생의 숙제. 자연스럽게 죽음에 가까워질수록 가지고 있던 것을 하나씩 내려놓으면서 더 잘 알게 되는 걸까? 몸소 느끼게 되는 걸까? 과연 이 질문에 답변해 줄 수 있는 누군가가 이 세상에 있을까?

– 한없이 작은 존재

나는 우리가 한없이 작은 존재라고 생각한다. 모두가 죽음 앞에선 꼼짝도 못 한다. 그렇기에 나는 우리가 미약하고도 미약한 존재라고 생각한다. 죽음 앞에선 어린이든 노약자든 거지든 부자든 성별, 나이, 직급 이런 거 다 상관없이 모두가 동등해진다. 그런 면에서 봤을 때 우리는 무엇을 위해 그렇게 열심히 다른 사람들과 경쟁하며 살아가고 있는 걸까? 과연 우리는 의미 있는 것들에 인생을 걸어왔을까?

ㅡ다름

사람이라면 누구나 자신이 사랑하는 이를 위해 희생해줄 수 있을 것이다. 그런데 몇몇 사람들은 아예 모르는 이를 위해서도 희생을 해준다. 그렇다고 그렇게 못 해주는 사람이 나쁜 사람이라는 것은 아니다. 다만 이것 또한 개인의 성향 차이라는 것을 알려주고 싶었다. 가끔 자신이 남들과 다르다고 자신이 이상한 것 같다고 말하는 사람들을 봤다. 그런데 그것은 이상한 게 아니라 그냥 다른 것뿐이라고 알려주고 싶었다. '다름' 은 이상한 게 아니라 그저 자연스러운 것이다.

ㅡ다른 길로 새다.

만약 말을 하거나 운전을 하던 도중 다른 길로 샜을 때 어떻게 해야 하는지 알고 있나? 아마 다들 알고 있을 것이다. 그런데 그럴 때 다들 자책을 한다. 하지만 나라면 그때 자책을 하기보단 그 다른 길, 새로운 길을 즐기며 갔었을 것이다. 왜냐하면, 이미 일어난 일이고 자책을 한다고 해서 달라지는 것이 없기 때문이다. 물론, 많은 사람이 이미 이 사실을 다 안다. 하지만 알면서도 막상 그 상황이 자신에게 일어나면 그 사실을 잊어버린다. 그래서 나는 그러한 상황이 일어났을 때 당황하기 전에 이 단락이 생각나서 당신의 웃음을 터뜨려 줬으면 좋겠다.

— 행복

음식이 우리에게 주는 행복은 생각보다 크다. 특히 맛있는 음식이라면 더더욱. 아마 누군가와 다퉈서 기분이 안 좋을 때조차도 맛있는 음식을 먹으면 잠깐 그 기분을 잊어버리고 행복하다고 느낄 것이다. 이렇듯이 행복으로 치면 음식과 음악을 동등하게 둘 수 있을 것 같다. 분야는 다르지만. 결국, 행복의 크기는 비슷하기 때문이다. 이렇게 사소한 거로도 행복을 느끼는 우리인데 왜 그렇게 미래의 행복을 갈망하며 사는 것일까?

ㅡ소확행

당신은 '소소하지만 확실한 행복'을 어디서 느끼는가? 아마 당신의 환경이나 시간의 흐름에 따라 그것이 달라질 수도 있다. 그렇기에 나는 당신의 가장 최근 소확행이 궁금하다. 나의 가장 최근 소확행은 창문을 활짝 열어 바깥 공기를 마시면서, 내가 가장 좋아하는 노래들을 들으면서, 소소한 글을 쓰는 것이랄까. 정말 별거 아닌 거 같지만 이것이 요즘 나의 유일한 즐거움이다. 지루한 나의 삶에.

— 환경

나는 환경에 영향을 많이 받는 사람 중에 한 명인 것 같다. 그래서 나는 주로 한국에 머물러 있을 때 글을 쓴다. 왜냐하면, 한국 집에서 글이 잘 써지기 때문이다. 아마 한국에서 할 일이 별로 없어서 심심해서 글이 더 잘 써지는 것일 수도 있다. 그런데 갑자기 다른 사람들은 환경에 얼마나 영향을 받는지 궁금하다. 그리고 환경에 영향을 아예 안 받는 사람이 있을지 궁금하다.

– 원하는 것

내가 살면서 원하는 것은 평화로운 삶이다. 그냥 평화롭게 글 쓰고 싶을 때 글이나 쓰면서 종종 자연, 일상 구경하면서 산책하러 가고 좋아하는 노래 크게 실컷 들으면서 고요하게, 평화롭게 그렇게 그렇게 살고 싶다. 근데 아마도 너무 많은 것을 바라고 있는 거겠지? 인생은 하고 싶은 것만 하면서 살 수는 없으니까. 다들 그렇게 살고 싶지만 그렇게 못 살고 치열하게 사는 것처럼. 당연히 현실은 이상과 다르겠지?

－이상적이다

어쩌면 이상적인 것은 이러한 각박한 세상에서 조금이나마 위안이 되는 것일 수도 있다. 잠시나마 도피할 수 있는 도피처처럼. 이상적인 것이 나쁜 것은 아니니까. 이상적인 것이 잘못된 것은 아니니까. 나는 이상적이어도 매우 괜찮다고 생각한다. 그럼 괜찮고말고. 나는 인간이라는 미약하고 이렇게 작은 존재가 무언가를 평가하는 것이 조금은 아이러니하다고 생각한다..

— 완벽

나는 이 세상에 어디에나 모순이 존재한다고 생각한다. 그렇기에 우리는 완벽하지 못하는 것이다. 무엇보다 우리는 인간이기에 완벽할 수 없고. 이 세상에서 과연 무엇이 완벽하다고 말할 수 있을까? 그런데 완벽하다고 해서 무조건 좋다는 법도 없다. 오히려 완벽해서 좋지 않을 수도 있다. 자연스러운 거, 그것을 추구한다면 아마 덜 힘이 들지 않을까?

— 글의 깊이

나는 무언가를 적어서 표현하는 것보다 말로 표현하는 것을 더 잘하는 사람이다. 그래서 누군가에겐 나의 글이 깊지 않다고 느껴질 수도 있다. 하지만 글이 꼭 다 깊어야 한다는 법은 없다. 인간이 다양한 만큼 누군가는 깊은 글을 원한다면 누군가는 조금 더 가벼운 글을 선호할 것이다. 그렇기에 나는 다른 글에 비해 비교적 가볍게 읽힐 수도 있지만 그래도 누군가는 이러한 글을 궁금해하고 선호하고 좋아할 테니까 이러한 글을 쓰고 있고, 계속 쓰고 싶다.

- 기준

도대체 대단한 것의 기준은 누가 정하는 걸까? 그냥 자신이 못하는 것을 누군가 해냈다면 그 사람은 대단한 사람인 것인가? 아니면 누군가 인간을 초월하는 일을 했다면 그것이 대단한 것인가? 나는 애초에 기준을 누가 정하고 만든 것인지 잘 모르겠다. 그래서 궁금하다. 또한, 기준은 사람마다 다른데 그것을 어떻게 해결할 수 있는지. 그저 아주 오래전부터 우리가 그렇게 믿어왔기 때문에 그렇게 된 것이라면 우리는 믿음으로 살아왔다고 해도 과언이 아니지 않은가?

－우울

내가 누군가의 감정에 들어간다는 건 그리 쉬운 일이 아니었다. 특히, 우울이란 감정엔 더욱더. 왜냐하면, 우울이란 감정은 자신이 빠져나오려고 하지 않는 이상 빠져나올 수 없으므로 '자신'이 아닌 다른 존재가 해줄 수 있는 것은 아무것도 없기 때문이다.

그래서 그 다른 존재가 더 괴로운 것 같다. 소중한 사람이 힘들어하고 있을 때 아무것도 해줄 수 없다는 그 무력감이. 그렇기에 우울은 행복보다 더 빨리 옮겨지는 것이 아닐까. 마치 우울해서 생기는 우울증은 있지만, 행복해서 생기는 행복증은 없는 것처럼.

— 돌쌓기

인생은 '돌쌓기'와 같다.
그래서 만약에 한 번도 실패한 적 없이 끝까지 세운 탑은 작은 바람에도 위태로워 쓰러지기 십상이다. 하지만 많은 실패를 거친 탑은 그 실패를 할 때마다 주변에 깔린 실패의 돌들 덕분에 많은 실패를 거듭할수록 더 단단하고 강한 바람에도 쓰러지기 어려운 탑이 된다..

―나

나를 잘 모르는 몇몇 사람들이 나를 보면 '걱정이 하나도 없을 것 같다' 라고 했다. 불과 1, 2년 전까지만 해도. 하지만 나를 조금은 더 오래 봐왔고, 그나마 더 아는 사람들은 내가 의외로 '걱정이 많고 소심한 사람' 이라는 것을 안다. 그런데 이 글을 읽고 나에 대해서 잘 알지 못한다고 해서 내가 안 좋아하고 나랑 안 친하다는 것이 아니다.

물론 나를 잘 알지 못하고 봐온 지 오래되지 않았어도 좋아하고 친한 사람이 있다. 다시 본론으로 돌아와, 물론 내가 상황에 따라 생각이나 걱정 같은 것을 아예 안 하고 현재를 즐기고 있을 때도 있다. 하지만 혼자 있을 때 대부분은 잔잔하게 깔린 사소한 것에도 하는 걱정과 약간의 우울함과 그것을 즐기는 모습도 있다.

그래서 나는 들으면 약간 감정을 건드리는 그런 노래들을 좋아한다. 그리고 약간 슬픈 노래를 들었을 때의 그 약간의 우울감과 외로움을 즐긴다. 이렇게만 나를 표현하면 내가 조금은 매사에 진지한 사람으로만 보일 수도 있겠다.

그래서 다른 모습의 나도 알려주자면 나는 나 자신에 대해서 꽤 만족하며 내 인생을 좋아하며 즐기며 살고 있다. 물론 나 자신의 장점도 많지만, 항상 장점만 존재하지는 않는 것이 당연한 이치이다. 그래서 나는 나의 단점에 대해서 부족하면 최대한 채우려고, 잘못된 점은 최대한 고치려고 노력하면서 하루하루 사는 조금은 다른 평범한 사람이다. 나는 그런 내가 좋다.

— 고독

지금 내가 사는 현재에서 과거에 대해 생각해보면 나는 고독할 때 더 발전했고, 쉽지 않을 일을 해냈던 것 같다. 지금 생각해보니 내가 나의 첫 번째 책을 썼을 때도 스스로 되게 고독했을 때였다. 그때는 다른 사람들과 연락도 잘 안 했던 때였다. 그런데 그러한 시기가 있었기에 지금의 내가, 조금은 더 나은 내가 존재할 수 있었다고 감히 자부할 수 있다.

아마 나는 누군가가 또 그때만큼 고독했을 때로 돌아가라고 한다면 무조건 그래야 하는 것이 아닌 이상 딱히 그때의 고독을 다시 느끼고 싶지는 않다. 그래도 되게 좋은 경험이었고, 내 인생에 없어서는 안 될 경험이었다. 그런데 그때 내가 왜 그렇게 고독했었는지는 아직도 잘 모르겠다. 그때가 막 코로나가 터져서 한창 심했던 때이기는 했지만. 아, 혹시 '코로나 블루' 였나?

- 시간순

이 글은 시간순대로 내 생각을 적어 놓은 것이기 때문에 나중에 이 글을 한 번에 읽을 때 내 생각들이 어떻게 변했고, 발전했는지를 알 수 있는 글이 될 것이다. 아마 그렇기에 모였을 때 조금 더 특별한 글들이 되지 않을까 싶다.

왜냐하면, 지금의 나는 과거의 나를 제삼자의 입장에서 바라보지 못하기 때문이다. 과거의 추억들이 내 머릿속에서 미화될 수도 있고 아니면 그 반대가 될 수도 있기 때문이다. 그렇기에 나는 상황과 감정을 이렇게 시간순대로 기록해놓는 방법이 가장 자신을 객관적으로 볼 수 있는 방법이라고 생각한다.

－가치관

가치관이란 참 신기한 것 같다. 왜냐하면, 인간이 경험할 수 있는 것이 한정적 임에도 불구하고 이 세상에는 아주 다양한 가치관들이 존재하기 때문이다. 물론 우리가 죽을 때까지도 이 세상에 존재하는 모든 경험을 다 해 볼 수는 없을 것이다. 하지만 그래도 이 세상에 어떤 것에 대한 한계는 존재하지 않는가. 그래서 나는 사람들의 다양한 가치관들이 더 신기하게 느껴진다..

－발전

나는 내가 예전에 썼던 책을 가끔 눈에 띌 때 한 번씩 펼쳐보곤 하는데 그때마다 수정해야 할 부분들이 눈에 잘 보인다. 분명 나는 이 책을 내기 전에 몇 번씩이나 읽어보고 고치고 수정했다.

시간이 지나고 다시 읽어봤을 때, 마지막 한 글자까지, 띄어쓰기를 포함해서 몇 번씩 수정을 하고 내기 전의 감정과 다른 감정이 느껴진다. 그래서 나는 그 사실을 깨달을 때마다 '내가 발전했구나!' 라는 생각을 한다. 그리고 한편으로는 나도 모르는 사이에 내가 계속 발전하고 있어서 신기하다. 하지만 한 가지 단점은 과거의 나를, 과거의 나의 글들을 다시 봤을 때 살짝 수치심을 느낄 수도 있다는 점이다.

- 감정

내 감정이 지금 내가 하는 어떠한 일에 많은 영향을 끼쳐서 되게 신기했다. 왜냐하면, 원래 나는 되게 이성적인 사람이었기 때문이다. 그래서 예전에는 마인드 컨트롤도 꽤 잘했었다. 하지만 왜인지는 모르겠지만 나이는 내가 아무것도 하지 않아도 계속 한 살씩 차근차근 먹고 있는데 나의 정신적인 면에서는 왜 더 미숙해져 가는지 잘 모르겠다.

아니면 어쩌면 내가 너무 고생해서 지쳐서 그런가 싶기도 하다. 사실 외부적인 고생은 비교적 거의 없었는데 내 내면적인 고생은 조금 있었던 것 같다. 왜냐하면, 나는 다른 사람의 눈치도 꽤 보고 생각도, 걱정도 많은 사람이기 때문이다. 그래서 예전의 내가 조금은 그리워진다..

—

—상처

두 사람이 있어도 결국 상처받는 쪽은 결국 한 사람, 원래 상처받아왔던 사람이라는 사실이, 변하지 않는 그 사실이 조금 씁쓸하다. 이것이 '연애'라는 주제에서만 해당하는 공식이 아닌 어떠한 인간관계에서도 해당하는 공식이다.

아마 평소에 자신의 생각하는 방식에 따라 이 공식의 상처 주는 사람과 상처받는 사람이 정해진다고 생각해도 무관하다. 왜냐하면, 그것이 자신이 평소에 생각해왔던 방식이기도 하고, 가지고 살아온 가치관이기도 하기 때문이다. 아무래도 인간의 본래 성질은 바뀌기 어려운 것 같다.

- 범위

생각에도 범위가 있는데 그 생각의 범위에 따라 다른 사람을 공감해줄 수 있는 능력이나 생각의 깊이가 결정되는 것 같다. 그런데 생각을 범위 넓게 하는 사람은 아마 자신도 그러고 싶지 않은데 저절로 그렇게 되는 것 같다.

나는 내가 생각하기에 생각의 범위를 넓게 하는 사람 중의 한 명이다. 그런데 나는 그러고 싶지가 않다. 왜냐하면, 그렇게 해도 득보다 실이 더 많기 때문이다. 그래서 나는 되도록 가능하면 생각의 범위를 최소한으로 줄이고 싶다. 그렇지만 그게 내 마음대로 할 수 있는 일도 아니다. 그래서 참 어려운 것 같다.

－사소한 습관 1

'나' 는 편한 사람들과 차를 타고 갈 때 바깥 풍경을 구경하면서 드라이브하는 것을 좋아한다. 그런데 아마 그 편한 사람들에 포함되는 사람은 이 세상에 가족들밖에 없을 것이다.

어쨌든 그래서 그렇게 구경을 하다 보면 사람들이 내 시야에 불쑥 나오는데 그때마다 '사람들이 행복했으면 좋겠다' 라는 생각을 꽤 자주 한다. 이왕이면 모든 사람이. 아마 이 이야기가 내 책에 자주 등장하는 단골손님인 것 같긴 한데 나는 진짜 그랬으면 한다. 내가 아직 어려서 이런 생각을 할 수 있는 것인지 아니면 그냥 내 성격인 건지는 잘 모르겠지만 이왕이면 평생 이런 생각을 가지고 살았으면 한다. 왜냐하면, 이러한 생각을 하는 사람이 지구에 한 명이라도 더 있어야지 더 살기 좋은 지구가 되지 않을까 하기 때문이다.

– 사소한 습관 2

'나' 는 자전거 타는 것을 좋아해서 방학이 되면 일주일에 적어도 3~4번은 자전거를 탄다. 그때도 다양한 사람들을 많이 마주치게 되는데 그때 조금이라도 도움이 필요한 것 같은 사람이 보이면 도와주고 싶다는 생각부터 든다. 그런데 자전거가 조금 빠른 속도로 달리고 있어서 결국엔 다른 사람들처럼 그냥 지나치곤 한다. 하지만 그래서 조금 빠른 속도로 달리고 있는 자전거에서 어떻게 하면 빨리 자연스럽게 내릴 수 있을까 생각하고 그 방법을 머릿속으로 가끔 연구하곤 한다.

－사소한 습관 3

‘나’ 는 길을 다닐 때 길가에 널브러져 있는 쓰레기들을 많이 보는데 그때마다 그것을 치우려고 노력한다. 그래서 몇 년 전에는 내가 아침마다 그냥 편의점에서 비닐봉지를 사서 우리 집 주변부터 쓰레기를 주우러 다닐까 하고 생각하기도 했다. 오늘 집에 오는 길에 어떤 김밥집 앞에 있는 화분에 쓰레기 몇 개가 있어서 그것을 어떻게 할까 고민하다가 옆에 있는 쓰레기통에 몰래 버려주기도 했다. 아마 길거리에 있는 사람 중 2/3만 이렇게 생각하면 (그리고 행동으로 옮기기까지 하면 최고!) 지구가 더 오래 살 수 있지 않을까 싶다.

–사소한 습관 4

'나' 는 가끔 고요한 밤에 감성적인 노래를 들으면서 그 분위기에 흠뻑 빠져있곤 한다. 사실 좋아하는 노래는 어느 때나 들어도 좋지만, 하루의 마무리인 그 시간대에 들으면 더 노래에 집중할 수 있다.

내가 좋아하는 노래의 장르를 하나로 단정 지을 수는 없지만 한번 딱 들으면 느낌이 오는 내 취향인 노래가 있다. 그럼 한동안 그 꽂힌 노래를 무한 반복으로 듣는다. 어릴 땐 진짜 빠진 그 한 곡만 주야장천 듣곤 했는데 요즘에는 플레이리스트처럼 취향 저격인 몇 곡을 합친 그 플레이리스트를 반복해서 듣곤 한다. 아, 나는 참고로 플레이리스트 말고도 좋아하는 노래만 듣는 것도 되게 좋아한다. 당연한 말이지만.

—

– 깊이 있는 글

나는 항상 깊이 있는 글은 많은 고뇌의 시간이 필요해서 쓰기 어렵다고 생각해왔다. 나도 어쩔 땐 많은 고뇌를 하며 글을 쓰기도 하고, 어쩔 땐 그냥 생각이 나는 대로 쉽게 글을 쓰기도 한다. 나는 특히 나의 첫 번째 책을 쓸 때 순간마다 고뇌하며 글을 썼다. 아마 첫 번째 책이라는 부담감 때문이었던 것 같다. 그리고 두 번째 책까지도 첫 번째 때만큼은 아니지만 그래도 꽤 고뇌했던 것 같다.

하지만 세 번째인 지금은 그냥 의식의 흐름대로 내 생각을 적어나가고 있다. 하지만 나는 글이 많은 생각을 거쳤는지 아닌지보다 그 어떠한 글을 쓴 작가가 읽는 이에게 전하고자 하는 메시지가 더 중요하다고 생각한다. 세상에는 다양한 사람들이 있긴 마련이다. 글이 많은 생각을 거쳤다고 해서 더 좋은 글이 되는 것은 아니다. 많은 생각을 거치지 않았는데 좋은 글이 되는 예도 있고, 많은 생각을 거쳤는데 사람들에게 외면받는 글이 될 수도 있다. 이러한 점을 염두에 두고 글을 쓰면 조금 더 솔직한 글을 쓸 수 있게 된다..

- 드라이브

요즘 방학이라 한국에 있다. 그래서 주말에 가족들과 잠깐 드라이브를 하러 갔다 왔는데 되게 행복했다. 사실 일주일에 한 번씩 주말에 가족들과 드라이브를 하러 자주 가곤 한다. 그런데도 그 시간이 순간마다 행복하게 느껴진다.

나는 그냥 내가 세상에서 가장 좋아하는 사람들과 멋진 풍경을 보며 생각을 할 수 있어서 정말 행복하다. 나의 행복은, 그게 다다. 행복은 정말 별거 없는 것 같다. 하지만 그래서 행복이 더 값진 것 같다. 그리고 나중에 시간이 지나서 문득 한 번씩 이 소중한 추억이 생각날 것이다. 그리고 잠깐이지만 나는 그 행복을 추억하며 다시 살아갈 에너지를 얻을 수 있을 것이다.

－이중인격

어른 되기를 앞둔 나는 가끔 ‘내가 이중인격자가 아닌가’ 하는 생각이 든다. 그런데 어떤 박사님이 텔레비전에 나오셔서 모든 인간은 다면성을 가지고 있다. 그래서 가족 구성원으로서, 친구들 사이에서, 또는 모르는 사람들 사이에서의 자신이 다를 수 있다고 이상하게 아니라 자연스러운 것이라고 하셨다. 그래서 나는 사람들이 다 그렇다는 생각이 들기는 했지만 그래도 여전히 모든 사람이 그러는 자연스러운 현상이라고는 해도 우리는 다면성을 가진 사람들이다. 그렇기에 우리는 이중인격자이다.

— 이름

이름은 고유한 명사이다. 이름이란 어떠한 한 사람을 표현해주는 가장 진실한 단어이다. 그리고 신비롭다. 왜냐하면, 같은 이름을 가진 사람들이 있어도 누군가를 생각하며 그 이름을 떠올리는가에 따라 머릿속에 상상되는 이름의 이미지가 달라지기 때문이다.

그렇기에 이름은 결국 어떠한 사람에 관해 설명할 수 있는 가장 쉬운 방법인 것 같다. 사람들이 보통 자신의 이름에 얼마나 만족하고 사는지는 모르겠지만 나는 내 이름을 아주 좋아하는 사람 중의 한 명이다. 그래서 '내가 만약 이 이름이 아닌 다른 이름으로 살고 있었다면 어땠을까?' 라는 생각을 자주는 아니고 아주 가끔 하기는 하지만 그럴 때마다 지금의 내 이름을 대체할 수 있는 이름을 생각할 수가 없다. 물론, 이름이 바뀌거나 원래 이 이름이 내 이름이 아니었다면, 우리는 적응의 동물이기 때문에 그 이름에 적응되어 자연스럽게 느꼈을 수도 있지만, 그리고 그때는 또 그때의 내 이름이 좋다고 할 수도 있지만 그래도 난 지금의 내 이름이 좋다.

– 공백기

내가 무슨 대단한 업적을 남긴 사람이 아니어서 공백기라는 단어가 어울리지는 않지만 ‘이중인격’ 이라는 부분과 이전 부분을 쓰기 전까지 조금 긴 공백기가 있었다. 아마 적어도 세 달 정도는 아무것도 쓰지 않았던 것 같다. 그냥 내 본업을 하느라 조금 바빴다. 솔직히 말해서, 학생의 본업인 공부보다 이렇게 무엇이라도 쓰는 것이 더 재미있다. 하지만 그래도 곧 어른이 되기도 하고, 공부의 마지막을 앞두고 있어서 나중에 후회는 하기 싫어서 더 열심히 하려고 노력하고 있다. 마음처럼 잘 안 되긴 하지만.

— 글

내가 글을 쓰는 이유는 딱히 없다. 다른 책은 몰라도, 이 책은 더더욱. 왜냐하면, 내가 지금 당장 이 책의 글을 쓰지 않는다고 무슨 일이 일어나는 것도 아니고, 내 버킷리스트의 책 출판하기는 한 권이 목표였기 때문이다. 그리고 두 번째 책을 낼 때도 첫 번째 만큼 기쁘지도 않았고 뿌듯하지도 않았다. 그냥 여전히 믿기지 않았다.

마치 생일처럼. 그럼에도 내가 지금 글을 다시 쓰는 이유는 모르겠고 없지만, 한 가지 확실한 것은 아마 나에게 어떠한 부분으로든 좋은 영향을 끼치거나 내가 좋아하기 때문이 아닐까 싶다. 왜냐하면, 우리는 기본적으로 '게으름' 을 가지고 있어서 자신이 좋아하는 것이 아니거나 자신의 인생에 좋은 영향을 끼치지 않는 이상 무언가를 하는 것을 귀찮아한다. 그래서 나는 가끔의 공백기가 있기는 해도 이렇게 반복적으로 글을 쓴다는 것이 나에게는 '기적' 처럼 느껴진다.

–지금

지금 시각은 오전 6시 42분이다. 지금은 2021년 12월 13일 월요일이다. 지금 나는 좋아하는 노래를 헤드폰으로 들으면서 이 글을 쓰고 있다. 지금 방의 온도는 살이 차가워질만큼 조금 춥기는 하지만 따듯한 기모가 든 나일론 후드 지퍼형을 입고 있다. 그리고 지금 밖은 어둡고 내방은 밝다. 지금 방은 조용하고 헤드폰 안의 내 귀와 연결된 통로는 시끄럽다.

사실 시끄러운 것보단 소리가 존재한다는 것이 더 정확할 수도 있겠다. 지금 내가 느끼는 감정은 없다. 하지만 곧 나는 분주해질 것이다. 왜냐하면, 지금 노트북 배터리가 부족하다고 알림이 떴기 때문이다. 하지만 노트북 충전기는 이 방에 있지 않다. 그래서 6시 48분인 지금 잠깐 이야기를 멈춰야 할 것 같다. 지금은 벌써 6시 49분이 되었다. 오늘 관찰일기 끝.

— 진심

어떤 한 예능을 봤는데 거기서 춤에는 춤을 추는 사람의 '진심'이 담겨 있다고 했다. 그런데 나는 그 애기를 들었을 때 떠오르는 생각은 딱 하나였다. 과연 내가 쓰는 이 글에도 '진심'이 담겨 있을까? 만약 그렇다면 이 글을 읽는 사람들에게까지 전해질까? 그리고 사람들은 느낄 수 있을까?

[Experience] 현실

- 다른 사고방식

나는 지금 18살이다. 어느 때보다 더 사회의 틀에 맞춰져야 하는 때. 맞지 않아도 20살을 앞두고 있다면 누구나 겪어봐야 하고, 억지로라도 맞춰야 하는 그 사회의 틀. 그 틀의 존재에 대해 나는 요즘 간접적으로 느끼고 있다. 그와 동시에 나는 다른 사람들과 다른 사고방식을 가지고 있다는 것을 종종, 사실 자주 느낀다. 물론, 사람들의 많이 발전한 인식의 변화를 통해 '틀림이 아닌 다름' 인 것을 알지만. 그럼에도 나는 꽤 자책하고 내 탓을 한다.

평범하지 못함에. 하지만 이전까지만 해도 나는 꽤 긍정적인 사람 중에 한 명이었다. 하지만 20살에 가까워질수록 점점 모습을 드러내는 그 틀 때문에 나는 '나다운 것'에 꾸짖고 '평범함'이라도 원하고 있다. 나는 나의 나다운 것을 잃고 싶지 않으면서도 사회를 살아가려면 평범도 필요하다는 생각이 공존하며 그것들이 내 머릿속을 휘젓고 있다.

— 격리

격리를 하다 보면 밖에 나가지도 못해서 사람이 나태해진다. 나도 한 일주일 동안 정말 나태하게 지냈었다. 온종일 누워있고 그나마 한 거라곤 먹고, 자고, 싸고 그게 다다. 그렇게 일주일 정도를 보내고 난 뒤인 현재는 시차 적응도 어느 정도 되었고 무엇보다 정신이 조금 든 것 같다. 그래서 평소처럼 아침 겸 점심을 먹고 나는 한국 온 지 일주일 만에 처음으로 책상에 앉았다. 그리고 글을 쓰려고 노트북도 챙기고 헤드폰도 챙겼다. 나에겐 격리가 끝나기까지 4일이라는 시간이 남았다. 그 시간을 어떻게 사용하느냐는 오로지 나에게 달려있다. 게을러진 요즘이라 장담할 수는 없지만, 이전의 일주일보다는 더 유용하게 쓰고 싶다는 생각뿐이다.

– 글쓰기

내가 생산적인 무언가를 하고 싶을 때 가장 쉽게 접근할 수 있는 것은 '글쓰기' 이다. 왜냐하면, 공부는 너무 하기 싫고 다른 일은 스케일이 너무 크기 때문이다. 하지만 '글쓰기' 는 노트북만 있으면 누구나 할 수 있고, 내가 시간과 노력을 투자하는 만큼 결과가 바로 보이기 때문에 더욱더 할 맛이 난다. 그래서 나는 복합적인 이유로 글쓰기를 좋아한다. 그리고 그래서 나는 생산적인 일을 하고 싶을 때 글을 쓴다. 사람들은 내가 책을 냈을 때 보통 대단하다고 하지만 나에게 글쓰기는 공부를 하기 싫어서 회피하는 길 중의 하나인 것 같다. 그래도 글쓰기가 재미는 있어서 일석이조이다.

–

– 전개

나중에 모여서 책이 될 이 글들의 전개가 처음에는 조금 독특한 주제였다가 지금은 또 꽤 현실적인 주제로 왔다. 드라마라고 가정하면 사람들에게 비난받기 딱 좋은 전개이다. 왜냐하면, 작가가 도대체 무슨 말을 전하고 싶은지 알 수가 없기 때문이다. 그럼에도 나는 '나의 색' 을 고집하며 계속 쓰고 있다. 솔직히 말하면 '나의 색' 이라고 할 것 없이 아직 어리고 '초보' 이기 때문에 할 수 있는 짓인 것 같다. 아마 내가 유명하거나 많은 시간 학문을 공부한 사람이라면 하지 못했을 것이다. 그래서 이것이 나중에 흑역사로 남을 수도 있지만, 지금만 할 수 있다는 이 기회를 누리려고 한다. 그리고 내가 이런 나고 누군가에게 피해가 가는 일도 아니므로 괜찮다.

- 불편러

나는 개인적으로 흔히 불리는 '불편러' 들이 신기하다. 왜냐하면, 피해를 받은 것도 아닌데 굳이 시비를 걸며 시간 낭비를 자처하기 때문이다. 물론 지금 나의 모습도 누군가에겐 불편러라고 느껴질 수도 있다. 하지만 나는 그저 호기심이다. 그들을 비판하기 위해서라기보다는 정말로 궁금해서 언급하는, 앞에 있을 때만 스쳐 지나가는 그런 호기심 말이다. 그리고 '불편러' 들은 불편한 점을 필터 없이 그냥 막말하는 것이 자기들의 성격이라고 하지만 그것은 그냥 성격이라는 가면 뒤에 숨겨진 무례함일 뿐이다.

— 작품

나는 책보다 작품을 쓰고 싶다. 물론 책을 쓰는 것도 좋은 것이다. 하지만 글을 쓸 때 조금 더 원하는 방향을 이야기하자면 앞에서 언급했듯이 하나의 작품을 쓰고 싶다. '작품을 쓰고 싶다' 라는 의미는 책을 쓸 때처럼 글은 쓰지만, 그 글이 그저 책을 위해서만이 아닌 모여져서 작품이 되는 그러한 글을 쓰고 싶다는 것이다. 그저 많은 사람이 읽기 위한 책을 쓰는 것이 아닌 사람들이 보고 느끼고 하는 책을 써서 사람들에게 하나의 작품으로 다가가고 싶다는 말이다. 그러려면 출판하기까지 매우 많은 부분에 신경을 써야 한다는 것을 안다. 아마 그냥 글을 쓸 때보다 신경 써야 할 게 두 배는 될 것이다. 그저 글을 쓰는 것도 이미 엄청난 노력을 요구하는데 말이다.

— 발전

잠깐 내가 이 책에서 처음에 썼던 글을 보고 왔는데 그때 비하면 지금의 글은 조금 더 자신감이 생기고 자연스러워진 것 같다. 그 사이 동안 글을 연구하거나 글에 관해 공부하지 않았는데 생긴 변화이다. 즉, 처음보다 발전했다는 것을 의미한다. 이러한 점을 봤을 때 우리는 우리 자신 또한 같은 맥락을 가지고 있다는 것을 깨달을 것이다. 왜냐하면, 우리도 아무런 노력을 하지 않아도 자연스러운 환경의 변화나 주변의 변화를 통해 자신의 마인드가 변하고 발전하기 때문이다. 물론 노력을 하면 더욱 좋을 것이다. 하지만 그 전에 자신의 노력을 배제하고 본다고 해도 우리는 시간이 지남에 따라 조금씩 달라져 있다. 마치 아이가 성장하는 것처럼.

— 바쁘게 사는 것

이번 한 주 동안 꽤 바쁘게 살았다. 아침 일찍 집에서 나와서 학원 가고 저녁쯤에 다시 들어가는 정도로. 그래서 피곤해서 집에 오면 저녁만 먹고 바로 곯아떨어지는 정도다. 그런데 이렇게 일주일 정도 살아보니까 느낀 점이 있다. 사람이 아무리 바쁘거나 피곤해도 충분히 살아진다는 거. 다시 바쁜 삶으로 돌아가고 싶지는 않지만, 그렇다고 해서 다시 종일 누워만 있는 게으른 삶으로도 돌아가고 싶지 않다. 나는 이번 일주일을 통해 게으르게 사는 것보다 바쁘게 사는 것이 나 자신을 위해서도 훨씬 좋다는 것을 깨달았다. 그리고 게으르게 살았을 때는 매번 느꼈던 무기력함이 바쁘게 사니 원동력으로 바뀐 것을 발견할 수 있다. 그래서 무기력함을 느끼는 사람들에게 일부러 하루만이라도 최대한 바쁘게 살아보라고 추천하고 싶다.

— 마스크

가끔 마스크를 쓴 사실을 잊어버린다. 하지만 깨달은 순간, 숨이 턱 막혀온다. 그래서 그 사실이 적응되기 전까지 잠시 숨쉬기가 어렵다. 아마 태어날 때부터 마스크를 쓰고 태어나지 않아서인가. 외부 물질에 대한 일시적 거부 반응인 것 같다. 하지만 이 거부 반응도 잠시. 우리는 곧 적응해 간다. 마치 처음부터 그랬던 것처럼. 이것이 어쩌면 인간의 기질 아닐까? 좋은 점인지 안 좋은 점인지 모르겠지만.

– 게임

나는 남동생이 한 명 있는데 예외 없이 게임을 좋아한다. 거의 필수적인 생활들 빼고는 항상 컴퓨터 앞에 앉아있다. 나는 그 모습을 보면 누나로서 한마디를 한다. 하지만 귓등으로도 듣지 않는 동생. 누굴 닮아서 그렇게 말을 안 들을까. 물론 부모님의 눈에 비친 나도 마찬가지였겠지만. 나는 동생이 게임을 좋아하는 것처럼 무언가를 그렇게 좋아해 본 적이 없어서 신기하고 아주 조금은 부럽다. 하지만 한편으로는 심히 걱정된다. 어렸을 때의 때 묻지 않은 순수함을 잃어버릴까 봐. 너무 일찍 세상에 노출되어 버릴까 봐.

— 크리스마스

매년 크리스마스마다 느끼는 감정과 드는 생각은 다르다. 2021년도 이번 크리스마스는 별로 한 거 없이 지나갔다. 주말처럼. 그냥 주말 같았던 것 같다. 가족들과 맛있는 거 먹고, 밖은 추워서 큰 쇼핑몰로 놀러 가고, 케이크 먹고. 그냥 그렇게 보냈다. 여느 때와 다름없는 주말처럼. 그럼에도 평소와 조금 다른 점은 선물인 것 같다. 아직도 크리스마스 선물을 고르지 못했다. 보류 중이다. 아직 갖고 싶은 게 안 생겨서. 나이를 먹고 시간이 지날수록 열정도 욕심도 사라지는 듯하다.

—

― 새해

이틀 뒤면, 2022년 1월 1일 새해이다. 아직 2021년이라는 사실이 믿기지도 않는데 벌써 2022년이라니. 나의 2021년은 코로나가 다 가지고 간 것 같다. 눈코 뜰 새 없이 지나가 버려서. 게다가 2022라는 숫자조차 너무 낯설어서 언제쯤 받아들일 수 있을지 모르겠다. 아니면 다음연도도 2023년이 와야 그나마 실감이 나려나. 한 살씩 먹을수록 체감상 시간이 너무 빨리 지나간다..

— 시간

새해를 맞이해서 우스갯소리를 하나 하자면, 시간은 꽤 눈치가 없는 편인 것 같다. 다들 멈춰 있는데 혼자만 눈치 없이 훅 지나가 버리기 때문이다. 다시 생각해보니, 다들 멈춰 있다고 해서 다 같이 멈춰 있을 필요는 없는 것 같긴 하다. 그나마 시간이라도 계속해서 흘러가 주기 때문에 멈춰 있던 우리도 거기에 조금이라도 맞추어 흘러가려고 노력하는 것 같기도 하다. 시간이 계속해서 흘러가 주었으면 좋겠다. 시간은 영원하니까, 무한하니까. 시간은 조금 눈치는 없지만 누구에게나 공평하다. 그래서 참 좋다.

— 약자 편

순수한 아이들은 약자 편인 것 같다. 만약 그 상대가 아이들 관점에서 무서운 상대가 아닌 이상. 아이들은 순수해서 약자의 편인 걸까? 아니면 아직 자라나는 아이들이라서 약자의 편인 걸까? 또한, 아이들은 어떻게 그렇게 순수할까? 가끔은 그 순수함이 비수로 날아와 가슴에 꽂힐 수도 있지만. 뒤집어서 생각해보면 우리 모두 어린아이였다. 때 묻지 않은 순수함을 가지고 있던. 어쩌다 이렇게 훌쩍 커버렸을까. 언제 순수함을 잃어버렸을까.

정해진 결말로는 그러한 순수함을 가지고는 남은 인생을 살아가기에 조금 버거울 수도 있겠다. 그럼에도 우리는 과거로 돌아가 그 순수함을 가지고 현재로 돌아올 수 있다면 과연 어떤 선택을 할까? 그리고 어떠한 선택을 했다면 그들은 그런 선택을 한 이유는 무엇일까? 그 이유를 듣고 나면 사람들의 이미 결정했던 선택에 변동이 있을까?

– People

이번 단락은 코드 쿤스트님의 People이라는 곡을 들으면서 썼다. 제목도 이 곡의 타이틀을 따온 것이다. 이 곡은 우연히 알게 된 곡이다. 랜덤 플레이로 노래를 듣던 중에 도입부분이 아주 마음에 들어서 바로 찾아봤다. 그리고 아직도 듣고 있다. 나는 요즘 말로는 조금 빡센(?) 힙합보다는 이렇게 그루브 있는 잔잔한 힙합을 더 선호하는 것 같다. 이 곡은 이 곡의 타이틀처럼 사람들에 관한 이야기를 담은 것 같다.

아직 어른이 되어 보지는 못해서 어른들의 삶이 녹여져 있는 가사를 공감하기에는 아직 부족하지만. 사람과 사랑에 대한 가사는 알기도 하고 직접 느껴봐서인지 공감을 하기가 더 쉬운 것 같다. 그리고 인간관계에 대해 나온 가사도 많이 공감되었다. 아마 청소년기에 접어들면서 많은 청소년이 인간관계에 대한 고민을 많이 해봤을 것으로 추측한다. 물론 나 또한 그랬다. 그랬기에 어른들의 인간관계에 대한 고민은 아직 안 겪어봐서 다 알 수는 없겠지만 어떤 느낌인지는 감이 오는 듯하다.

– 장시간 비행

나는 지금 우리나라의 반대편에 있는 나라를 가기 위해 장시간 비행 중이다. 무려 14시간을 가야 한다. 하지만 아직 절반도 오지 않았다. 이때의 시간은 땅을 밟고 있을 때와는 다르게 흘러간다. 할 수 있는 거라곤 영화 보기, 잠자기, 밥 먹기 밖에 없으니 시간이 더 느리게 흘러간다고 느낄 수밖에 없는 듯하다. 그리고 비행기를 탔을 때 그 시간 동안에 가장 먼저 나는 생각은 '가족들을 보고 싶다' 는 생각이다.

나는 비행기 멀미가 있어서 보통 잠자는 것을 선호한다. 하지만 잠을 이륙할 때부터 계속 자서 잠이 더는 오지 않는다. 그리고 비행기에 탑승하고 나서부터 아직 아무것도 먹지 않은 상태이다. 아까 말했듯이 비행기 멀미가 있어서 비행기를 타면 속이 별로 좋지 않다. 그런데 거기서 무언가를 먹게 되면 속이 더 안 좋아지는 것 같아서 되도록 비행기에서는 많이 먹지 않는다. 비행은 지루하다. 하지만 마주할 또 다른 세상을 생각하면 또 해볼 만 한 것 같기도 하다. 그리고 나는 항공기가 흔들려서 두려울 때 기도를 하곤 한다. 이번에도 아무 탈 없는 비행이 되길.

— 상상

나는 상상력이 조금 풍부한 편이어서 비행기를 타면 꼭 하는 상상이 있다. 사실 상상보다는 걱정에 더 가깝긴 한데. 바로 비행기가 추락하는 걱정이다. 그래서 비행기를 타게 되면 비행기가 출발하기 전에 안전하게 도착할 수 있게 해달라고 기도를 하곤 한다. 하지만 이 상상은 매번 맞지 않는다. 그래서 다행이다. 만약 맞는다면 이 글을 쓰고 있을 수가 없을 것이다. 아마 비행기를 타기 전에 나 말고도 이러한 상상을 하는 사람들이 어느 정도 있을 거로 추측한다. 그런데 말이다. 상상력이 풍부하지 않은 사람들도 비행기 타기 전에 이러한 걱정을 하는지 조금 궁금하기는 하다.

—

—4시간 21분

이제 4시간 21분 뒤면 목적지에 도착한다고 한다. 그래서 그걸 확인함과 동시에 비행기가 기류 때문인지 조금 흔들렸다. 그리고 아직 조금씩 흔들리고 있다. 많은 사람이 지금 자고 있다. 불편하게. 비행기는 불편함을 돈 주고 감수해야 하는 아이러니한 상황을 가져온다. 다행히 아직 멀미가 심하게 나지 않는다. 나는 원래 변화를 좋아했는데 점점 나이를 들면서 별로 좋아하지 않게 되었다. 아마 그 이유는 '예민함' 때문인 것 같다. 왜냐하면, 예민해서 환경이 조금만 달라져도 금세 알아차리고 나도 모르게 신체 반응이 오기 때문이다. 예를 들어, 머리가 아프다던가, 소화가 잘 안 된다던가 말이다.

— 후폭풍

나는 비행 중에도 멀미 때문에 고생하지만 내린 뒤에 숙소에 도착했을 때도 속이 조금 안 좋은 것 같다. 결론은 고생의 정도만 다를 뿐 어쨌든 '힘들다' 는 것이다. 후폭풍이라는 단어는 어디에 쓰이던지 긍정적인 의미로 쓰이지는 않는 것 같다. 이번 비행 후에도 후폭풍이 조금 있었다. 하지만 다행히도 자고 나니까 괜찮아졌다.

여기에는 함정이 있는데 대신 아주 오랫동안 잤다. 아마 적어도 10시간은 잔 것 같다. 그래도 일찍 괜찮아져서 다행이다. 그런데 나 말고도 주변에 비행기 멀미를 하는 사람들을 몇 명 봤다. 그런데 그 사람들도 나처럼 비행기에서 최대한 무언가를 먹지 않고 자려고 노력하는 모습을 봤다. 그래서 마음속으로 공감이 되어 마음속으로 조용히 응원을 보냈다. 파이팅!

— 심심함

태생부터 심심함을 더 느끼는 사람이 정해져 있었을까? 아니면 그것은 후천적으로 바뀌는 것일까? 나는 원래 심심함을 많이 느끼는 사람이었던 것 같다. 하지만 지금의 나는 심심함을 모르는 사람이다. 게을러져서 인지 그냥 종일 누워만 있고 싶다. 그래서 심심하지 않다. 다행인 걸까? 안 좋은 걸까?

심심함을 느끼기 위해서는 체력도 한몫하는 것 같다. 왜냐하면, 체력이 없고 약한 사람은 심심할 틈이 없기 때문이다. 아파서. 사실 나도 조금 약한 사람인 것 같다. 평소에 많이 체하고 자주 머리가 아프기 때문이다. 그래서 심심함을 많이 느끼고 싶지는 않지만 어느 정도 다시 느끼고 싶다.

– 장벽

사람들은 하루하루 살아가면서 장벽을 마주한다. 우리는 그 장벽을 생각하며 힘들어 한다. 그 이유는 우리가 해내기에 벅찬 일들이 우리가 해내야 하는 일들일 때가 8할이기 때문이다. 그래서 우리는 매일 좌절을 맛보고 사는 것이다. 하지만 어디서나 그렇듯 예외가 존재한다. 개인이 타고난 능력을 갖추고 있을 경우나 훈련으로 획득된 능력이 특히 더 뛰어난 사람. 그런 사람들은 보통 사람들보다 더 쉽게 해낼 수도 있을 것이다. 부럽다.

— 변화

자신이 변해가는 것을 느낀다는 것. '변화'란 굉장히 갑작스럽게 찾아오는 것 같지만 알고 보면 오랫동안 준비해온 것이다. 왜냐하면, 어쩌면 살면서 계속해서 생각해온 것을 결심해서 하게 된 것이 '변화'이기 때문이다. 이 세상에 변하지 않는 것은 없지만 변하는 것 또한 없을 수도 있다. 알고 보면 변하는 것이 아니라 원래 그 성질을 띠고 있던 물질일 수도 있다는 말이다. 무엇이 진실인지 알 도리가 없지만, 확률이 아예 없는 것은 아니다.

— 정의

'정의란 무엇일까?' 라는 책을 오다가다 들어본 적이 있다. 그리고 집에도 한 권이 있어서 나중에 읽으려고 책장에서 빼놨던 책이다. 그런데 나는 요즘 '정의' 라는 것에 대해서 혼란스러워하고 있다. 정의의 본질적인 의미는 좋은 의미를 띄고 있지만, 나에게는 정의가 마냥 좋은 영향을 끼치는 것 같지가 않아서 말이다. 나는 정의를 생각하면 정의롭지 않은 사람들이 같이 생각난다. 그래서 정의가 긍정적인 단어 같으면서도 부정적인 생각부터 나니까 헷갈린다.

－현실 도피자

나는 현실에서 도피하는 사람이다. 그래서 계속 현재를 걱정하면서 해야 할 일들을 미루고 지금 이렇게 글을 쓰고 있다. 현실에서 도피하는 기분은 썩 좋지 않다. 다른 사람은 모두 열심히 사는 것 같은데 나만 뒤처지는 기분이 든다. 그래서 마음속으로는 나도 무언가를 해야 할 것 같은데 마음처럼 잘되지 않는다. 복잡하고 많은 생각에 파묻혀 있는 기분이다. 나도 지금 내 상태를 보면 조금은 쉬어줘야 할 것 같은데 그동안 한 것이 없어서 또 마냥 쉴 수도 없는 노릇이다. 복잡한 인생이다.

-19살

어른이 되기 바로 전인 19살은 조금 미숙하고 혼란스럽다. 마냥 '완벽'만을 추구하는 인간이기에 '실수'를 용납할 수가 없어 자신에게 꾸짖는다. 그럼 이 세상에서 내 자신 말고 나에게 진실 어린 위로를 해줄 사람은 누굴까? 나 자신도 나를 좋아하지 않는데 다른 누군가가 나를 좋아해 줄 수가 있을까? 사람은 모두가 소중하다는 것은 사실이지만 아이러니하게도 그렇다고 우리가 모두 존중받는 것 또한 아니다. 그래서 누군가는 이 말을 듣고 위로가 되었으면 해서 누군가가 '선의의 거짓말'을 한 것이 아닐까 하는 합리적 의심을 한다. 이러한 의심도 결국엔 부질없지만 이 세상에 부질없음에도 무언가를 하는 사람은 많다. 나 또한 마찬가지고

— 2/4

2022년 2월 4일, 짝수만 모여 날짜를 만든 날이다. 중간에 스파이 같은 존재로 0이 끼어있지만 '띄어쓰기' 정도로 생각해주면 될 것 같다. 하루하루 별일 없이 지나간다는 건 어떨까? 매일 걱정 없이 산다는 건 어떨까? 그럼에도 하루에 '행복하다' 라고 느낀 적이 단 한 번이라도 있으면 감사해야 하는 것일까? 낙관적인 사람도, 비관적인 사람도 결국에는 걱정하고 불안해한다. 정도만 다를 뿐. 오늘도 걱정과 불안과 행복이 동시에 찾아온 날이다. 오늘 날짜가 짝수로만 이루어진 것처럼 언젠가는 행복만 존재하는 날이 왔으면 좋겠다. 그래도 글을 쓰며 스스로를 다독여 줄 수 있음에 감사하다.

– 울면

예전에는 힘들 때 울면 괜찮아졌는데 고3인 요즘에는 힘들 때 울어도 괜찮아지지 않는 것 같다. 그냥 어딘가로 숨어버리고 싶어서 혼자 있는 시간도 생겼는데 마냥 마음이 편치는 않은 것 같다. 이미 시끌벅적과 다른 사람에게 의지하는 것에 적응이 돼서 혼자 있는 시간이 적응되지 않는다. 하지만 혼자 있는 시간이 필요한 나는 생각이 많아질 때면 혼자 있고 싶어진다. 특히 아무도 나를 좋아하지 않는 것 같을 때면 혼자 있고 싶은데 그럴 때면 외롭고 공허하다. '공허함' 이란 어쩔 수 없이 인생을 함께 살아가야 하는 존재라는 것을 인지하고 있어도 마주하는 것은 매번 힘든 것 같다.

-100번째 글

지금 쓰는 이 글은 이 문장 중에서 100번째 순서에 자리한 글이다. 이 글은 꽤 근사하게 만들고 싶지만 그럴 수가 없는 현실이다. 문장을 근사하게 꾸미는 건 가능하지만 내 마음과 생각의 글을 옮겨 적는 과정에서는 그런 기교가 불가능하다. 나는 내 마음을 근사하게 꾸미는 것을 못 하는 사람이기 때문이다. 많은 근사한 글들이 존재하는 요즘 시대에 아직 미숙하고 소박한 글을 쓴다는 것은 어쩌면 경쟁력 없는 것일 수 있다. 하지만 나는 그러한 기술을 못 부리는 사람이기 때문에 글이 근사하지는 않지만, 나의 가장 장점인 '솔직함'을 담아 솔직한 글을 쓴다. 그리고 나 또한 근사한 글보단 담배하고 솔직한 글을 원한다..

– 후회와 반성

후회와 반성은 같이 오는 단어이다.
후회해야 반성을 하기 때문이다.
하지만 너무 많은 후회를 하지는 마라.
소중한 자기 자신을 위해서라도.

— 인생

우리의 인생은 참으로 단순한 것인데 우리는 인생을 참으로 복잡하게 만든다. 사실 나도 인생은 원래 복잡한 것으로 생각한다. 특히 인생의 그 가지들이. 왜냐하면, 우리는 보통 '인생' 하면 행복했던 것보다 힘들었던 것, 고통스러웠던 것부터 생각나기 때문이다. 하지만 그럼에도 많은 사람이 인생을 사는 이유는 저마다 다르겠지만 그래도 그 속에 무언가를 발견할 수 있기 때문이 아닐까 싶다.

나 또한 인생이 매일 쓰다고 느끼지만 그러한 인생을 계속해서 살아가는 모습을 보면 마냥 쓰지만은 않다는 것을 알 수 있다. 아니면 우리가 그저 목숨을 귀하게 여기기 때문일 수도 있겠다. 그냥 어떠한 이유든 '보기 좋게' 붙이자. 어차피 아무도 신경 쓰지 않을 걸 알기에. 다들 자신의 인생을 사느라 바쁘다. 그리고 그래서 덜 복잡해지는 것 같아서 오히려 좋다.

— 불안

가끔 불안하다. 사실 요즘 불안할 때가 많다. 나도 이유는 잘 모르겠지만. 하나 확실한 거는 이 세상은 내 계획대로 되지 않는다는 사실이다. 이 사실을 이미 알고 있었음에도 막상 겪게 되면 조금 힘들다. 하지만 우리 앞에 놓인 '미래'라는 존재는 알 수 없는 것투성이다. 그런데 사람들은 이렇게 불안한 세상을 어떻게 살아가고 있는 걸까?

나도 언젠간 아무 걱정 없이 이 세상을 살아갈 수 있겠지? 솔직히 말하면, 나는 고등학교만 졸업해도 지금보다 더 마음 편히, 걱정을 덜 가지고 살아갈 수 있을 것 같다. 지금은 내 마음대로 할 수 없는 것투성이다. 그리고 나는 아직 '우물 안에 개구리' 다. 자유를 하루라도 더 빨리 느껴보고 싶다. 배움을 조금 덜 얻어도 좋으니.

—

– 우물 안에 개구리

이 인용구가 어떠한 의미를 지니는지, 어떠한 상황에 써야 하는지 요즘 뼈저리게 깨닫고 있다. 나는 아직 고등학생인데, 갑자기 나타난 코로나 때문에 학교 밖에 나가지도 못한다. 그리고 가뜩이나 재미없는 인생에 내가 해야 하는 일은 더 재미없는 공부다. 그래서 나는 요즘 점점 무기력해져 가고 있다. 아마 입시나 공부를 해야 하는 때가 상위권 몇몇 아이들을 빼놓고 고민이 많은 나머지 아이들의 인생에서 가장 자존감이 낮고 무기력해지는 시기가 아닐까 싶다.

— 정신

다시 정신을 차려야 할 시기가 온 것 같다. 그동안 정말 책임감 없이 살았다. 내 인생을 그냥 어떻게 되든 놓아두고 살았다. 내 인생은 나 아니면 책임져 줄 수 있는 사람도 없는데 말이다. 그래서 나는 다시 한번 힘을 내서 '열심히 사는 사람'이 되려고 한다. 적어도 입시가 끝나기 전까지는 이 초심을 잃지 않았으면 한다. 시간이 정말 남지 않았다. 그래도 부모님 호강은 한번 시켜드려야 하지 않겠는가? 내가 지금 상황으로서 할 수 있는 일은 대학밖에 없다. 대학을 잘 가면 나한테도 좋은 거고 부모님도 기쁘시게 할 수 있다. 비록 부모님이 나에게 해주신 거에 비하면 정말 조그맣지만. 그래서 한번 간절히 해보려고 한다. 조금 늦었을 수도 있어도.

— 의무

학생의 의무는 공부다. 언제부터인지는 몰라도 언젠가부터 공부는 학생의 의무가 되었다. 어른의 의무는 일이다. 언제부터인지는 몰라도 언젠가부터 일은 어른의 의무가 되었다. 그러면 공부를 하지 않는 학생들은 나쁜 학생들일까? 아니면 일을 하지 않는 어른들은 나쁜 어른들일까? 그건 또 아니다. 그러면 의무를 꼭 지키지 않아도 된다는 의미일까? 그거는 또 아닐 거다. 그러면 해야 하는 일을 하지 않고 그냥 하고 싶은 일만 하는 사람들은 틀린 사람들일까? 나는 그들 중에 한 명인데 그럼 나는 틀린 사람일까?

–하고 싶은 일과 공식

나는 하기 싫은 일은 잘 하지 않는 사람이다. 하지만 해야 하는 일은 또 한다. 예를 들어, 숙제는 하지만 그 외에 해야 하는 공부는 하지 않는다. 사실 요즘에는 그럴 체력이 없다고 하는 게 더 맞을 수도 있겠다. 정해진 공식 안에서 잘해야 하고 숫자로 우리의 인생이 결정 나는 사회에 사는 나는 하고 싶은 다른 일들이 있지만, 공식 안에서 벗어나면 그 길의 책임은 온전히 내가 져야 한다는 것을 알기에 선뜻 이 '공식'을 벗어나지 못한다.

그리고 부모님을 행복하게 해드리고 싶은데 그렇게 해드리기 위해서 가장 빠른 방법은 공식 안에서 잘 해내는 방법이다. 그런데 나는 그러지를 못한다. 그래서 정해진 공식 외에 다른 방법을 통해 부모님을 행복하게 해드리고 싶어도 그렇게 하면 리스크가 더 크고 알 수 없는 길이기 때문에 성공의 가능성이 더 작다. 그래서 조금이나마 고민했던 것을 슬며시 다시 내려놓는다.

— 안정감

무언가 자신이 진정하게 원하거나 해내고 싶다는 욕심이 없는 이상, 인생에서 안정감이란 굉장히 중요한 요소 같다. 그래서 아무리 불안하던 사람도 무언가 안정감이 한번 느껴지면 굉장히 안정해지는 것 같다. 내가 느끼기로 입시와 같은 자존감이 굉장히 낮은 시기에는 특히 정말 해내고 싶다는 욕망이 없는 이상은 무언가 기댈 수 있는 것이 필요한 것 같다.

하지만 그것이 왔다 갔다 하기보다는 변하지 않는 안정감이 필요한 것 같다. 그런 시기에 안정감 없이는 아무것도 손에 잡히지 않을 수도 있겠다. 나의 가장 중요한 시기인 지금 이 시기만은 정말 순탄하기를 바랐는데. 손에 꼽을 정도로 복잡하고 불안정했던 시기였던 것 같다. 물론 이 세상을 살며 완벽한 안정을 찾는 것은 나의 '환상' 속 이야기일 수도 있겠다.

— 글

글은 굉장히 변덕스러운 존재다. 언제는 글이 잘 써졌다가 언제는 글이 잘 안 써지기 때문이다. 그럼에도 내가 글을 놓아버리지 않고 꾸준히 쓰는 이유는 글은 언제나 같은 자리에 있어 주기 때문이다. 그렇기에 어떤 시기에도 다시 돌아와서 글을 쓸 수 있고, 그 시절의 내 생각과 감정을 고스란히 현재에 사는 나에게 전달해준다. 이것이 바로 글의 중요성이 아닐까 싶다. 살다 보면 가끔은 지칠 때도 있고 아무것도 하기 싫을 때도 있다. 그래도 글은 이것에 영향을 받지 않고 계속해서 같은 자리에 있어 준다. 그러니 글은 어쩌면 세상에서 가장 착한 존재가 아닌가 싶다.

- 영향력

가끔은 내가 누군가에게 영향력을 끼친다는 사실이 너무나도 놀랍다. 게다가 그것이 선한 영향력이라는 사실에 더욱더 놀라곤 한다. 나도 아직 많이 부족한 존재이기 때문에. 하지만 그렇게 영향을 받은 사람이 잘되면 나도 좋다. 하지만 잘되지 않으면 도움을 주고 싶어진다. 어쩌면 이것은 인간의 당연한 도리가 아닐까 싶다. 그래서 다행이다. 인간의 기본 '선'이 아직 세상에 남아있어서 참 다행이다. 세상이 그래도 아직 살만하다고 느껴지는 이유도 이러한 이유 때문이 아닐까.

- 번아웃

나는 고3 때쯤에 번아웃이 왔다. 정확한 것은 아니지만 나는 본능적으로 느꼈다. 나는 할 거를 미리 끝내 놓고 노는 성격이었는데 어느 순간부터 힘이 없어서 아무것도 못 하겠다는 생각이 들었다. 그런데 하필이면 가장 중요한 시기에 그랬다. 그래서 조금은 후회가 되기도 하지만 그때로 다시 돌아가고 싶지는 않다. 정신적으로, 육체적으로 너무 지쳤기 때문이다.

그래서 아마 그때로 다시 돌아가도 지금과 똑같은 결과일 거라고 생각한다. 물론 친구들도 나와 같은 감정이었던 것 같다. 그래서 이미 이 시기를 겪은 사람들을 존경하며 같이 힘들어했던 게 기억에 남는다. 그리고 그때부터 꾸준히 쓰던 글도 잠시 멈춰진 것 같다.

— 편견

이 세상에서 가장 무서운 것은 우리 생각 속에 있는 편견이 아닐까. 편견은 우리가 충분히 해낼 수 있는 것 또한 못하게 한다. 가장 쉬운 방법으로. 그저 의구심 한 번만 머릿속에 띄어주면 우리는 그것이 정답인 것처럼 정확한 정보인지 확인해보지도 않고 곧장 따른다. 예를 들어, "내가 과연 저걸 해낼 수 있을까?" 와 같은 문장 말이다. 우리는 해보지 않았으니까 모른다.

다른 사람이 못했어도 나는 해낼 수도 있는 것이다. 그런데 우리는 그냥 이 생각 한 번으로 자신감을 잃고 포기해 버린다. 우리가 못 해낼 것 같다는 생각도 곧 우리의 편견이다. 해보지 않았으니까 모르는 게 당연하고 두려운 게 당연하다. 하지만 그렇다고 아예 도전을 접을 필요도 없지 않은가? 두려운 이유가 실패할까 봐, 너는 안된다는 주변 사람의 말이 맞을까 봐 아닌가? 그러면 그 생각이 틀렸다는 것을 증명하기 위해 죽기 살기로 매달려서 도전해보면 되는 거 아닌가? 인생은 생각보다 간단한데 우리가, 우리의 생각이 복잡한 세상을 더욱더 복잡하게 만드는 것일 수도 있다.

– 정말 고마운 사람들

나는 우리 가족들한테 고마운 것이 너무 많다. 그런데 그중에서도 특히 우리 엄마에게 가장 고맙다. 왜냐하면, 내가 생각이 많은 편이라 가끔 머릿속에 과부하가 올 때가 있는데 그때마다 나도 모르게 엄마한테 넌지시 힘들다고 말한다. 평소에는 힘들다고 잘 표현하지도 않는데 말이다. 그런데 그때마다 우리 엄마는 내 이야기를 엄청나게 잘 들어준다. 그리고 진심으로 공감해주고 진정한 어른으로서 피가 되고 살이 되는 조언을 해준다. 그래서 나는 우리 엄마랑 이야기하고 나면 생각과 걱정이 다 사라졌다. 그리고 무엇보다 너무 좋고 행복하다. 항상 해온 생각이지만 나는 우리 엄마가 나의 엄마라서 너무 좋다.

물론 우리 아빠랑 우리 동생도 나의 아빠와 내 동생으로 태어나줘서 고맙고 너무 좋다. 그리고 아빠랑 동생에게도 고마운 것이 너무나도 많다. 그리고 내가 표현을 잘은 못하지만, 마음속으로는 우리 가족을 세상에서 가장 사랑하고 이 세상 누구보다 더 많이 생각하고 있다. 이 이야기를 평소에는 쑥스러워서 하지 못했는데 이 자리를 빌려 진심을 담아 이야기하고 싶었다.

[Interesting] 재미

— 백설 공주의 무맥락 뒷이야기

다들 어릴 때 <백설 공주>를 적어도 한 번씩은 읽어봤을 것이다. 백설 공주를 처음 접했을 때는 꽤 감회가 새로웠다. 백설 공주의 뒷이야기를 시작하기에 앞서 먼저 백설 공주 원작을 알아야 한다. 백설 공주 원작의 내용은 백설이라는 공주가 옛날 옛적에 살았다.

백설 공주의 어머니는 어릴 때 돌아가셨다. 그래서 아버지와 살고 있었는데 아버지가 새어머니를 맞이했다. 그 왕비는 아름다웠지만, 성격이 나빴다. 그리고 왕비는 마법의 거울을 가지고 있었는데 매일 마법의 거울에게 세상에서 누가 가장 예쁘냐고 물어보았다. 답변은 물론 왕비였는데 어느 날 백설 공주가 가장 이쁘다고 하고 왕비는 화가 나 백설 공주를 위험에 몰아넣게 된다. 하지만 왕자가 나타나 결국은 해피엔딩으로 끝이 난다.

지금부터는 백설 공주의 뒷이야기가 시작된다. 먼저 일곱 난쟁이는 광부였다. 그런데 과연 백설 공주까지 보살펴 줄 수 있는 상황이었을까?

백설 공주가 처음 태어났을 때는 아무도 관심이 없었다. 그래서 백설 공주의 부모님은 매일 밤 기도를 했다. 그런데 어느 날 백설 공주의 부모님은 요정을 만났다. 요정이 말했다 '너희들은 무엇을 원하는가? 하지만 그 대가를 치러야 할 거야'. 백설 공주의 부모님은 정말 기뻤다. 하지만 대가를 치러야 한다는 말을 듣곤 생각에 잠겼다. 그래서 요정은 다시 한번 기회를 주었다 '내일까지 시간을 주겠다.'. 다음날, 백설 공주의 부모님이 굳게 다짐한 채로 요정을 만났다.

요정은 다시 한번 물었다 '너희들은 무엇을 원하는가? 하지만 그 대가를 치러야 할 거야' . 백설 공주의 아버지가 먼저 말을 꺼냈다 '백설 공주를 모든 사람에게 사랑받는 아이로 자랄 수 있게 할 수 있습니까?' 그리곤 '그 대가는 치르겠습니다' . 백설 공주의 아버지 말을 들은 요정은 생각에 잠겼다. 5분이 지났을까. 요정이 말했다 '그렇다, 대가는 치를 준비는 되어있나?' 백설 공주의 부모님은 동시에 대답했다 '네' . 그리고 다음 날 백설 공주의 어머니가 아프셨다. 그래서 근처 병원에 갔다니 병에 걸렸다고 했다. 그리고 며칠이 지나지 않아 어머니는 그렇게 세상을 떠났다.

백설 공주는 소원대로 모든 사람에게 사랑을 받고 자랐다. 그래서 왕비의 마법 거울이 백설 공주에게 관심을 가진 것이고 난쟁이와 왕자를 만나 행복하게 산 것이다. 하지만 백설 공주는 그 사실을 몰랐다. 왜냐하면, 요정이 떠나기 전에 백설 공주의 기억을 지웠기 때문이다. 그리고 백설 공주의 아버지는 한편으로 자신도 모르게 백설 공주를 미워했다. 왜냐하면, 백설 공주의 아버지는 아내가 세상을 떠난 이유가 다 백설 공주의 탓이라고 생각했기 때문이었다. 그래서 새어머니로 인해 백설 공주가 숲으로 도망쳤을 때도 백설 공주의 아버지는 찾지 않았다. 그런데 백설 공주는 그 사실을 알고 있었다.

새어머니가 오시기 전에 백설 공주가 청소를 하던 중 아버지의 일기를 우연히 보게 되었다. 그 일기 속에는 모든 진실과 아버지의 마음이 적혀 있었었다. 백설 공주는 그 일기를 읽고 충격을 받았지만 부모님께 죄송해서 숲으로 도망친 이유도 없잖아 있었다. 사실 백설 공주가 일곱 난쟁이를 만나고 함께 산 것도 요정의 마법 덕분이었다.

왜냐하면, 일곱 난쟁이는 광부였다. 원래는 일곱 난쟁이가 남부럽지 않게 살았는데 하필 그 시기에 많이 벌지 못했다. 그래서 자기들이 먹고 살기도 바빴는데 백설 공주를 받아준 것이었다. 사실 일곱 난쟁이는 백설 공주가 들어온 뒤 백설 공주를 위해 3시간을 더 일했다. 그런데도 일곱 난쟁이는 백설 공주를 맞이했고 백설 공주도 최선을 다해 일곱 난쟁이의 집안일을 도와주었다.

백설 공주와 일곱 난쟁이는 금전적으로는 힘들었지만, 행복하게 살고 있었다. 그런데 어느 날 백설 공주에게 수상한 빗 장수 할머니가 찾아왔다. 그때 백설 공주는 코를 보고 새어머니인 것을 알아챘다. 하지만 빗을 받고 위험해질 것을 알고도 사용을 했다. 왜냐하면, 사실 백설 공주는 매일 늦게 지쳐서 들어오는 일곱 난쟁이를 보고 미안함과 죄책감을 느끼고 있었다. 그런 일곱 난쟁이를 보고 이야기를 했는데 항상 괜찮다고는 했지만 백설 공주의 마음은 편치 않았기 때문이다.

일곱 난쟁이는 겁쟁이였지만 정신력 하나는 강했다. 그래서 백설 공주에게 빈말로 괜찮다고 한 것이 아닌 정신력이 강해서 정말로 괜찮았던 것이었다. 그리고 그들은 백설 공주가 하늘에서 먼저 떠난 그들의 막냇동생 대신하여 보낸 선물이라고 생각하여 더욱 각별했던 것이었다. 백설 공주가 빛을 사용하고 몇 시간 뒤에 일곱 난쟁이가 일을 마치고 집으로 돌아왔다.

백설 공주가 쓰러져 있는 모습을 보곤 다들 깜짝 놀랐다. 먼저 힘을 모아 쓰러져 있는 백설공주를 일으켜 세웠다. 세우는 도중 빗은 백설공주의 머리카락에서 바닥으로 떨어졌고 백설공주는 정신 차렸다. 일곱 난쟁이는 백설공주가 어떻게 된 것인지 궁금하기도 하고 걱정도 되었지만 일단 안정을 취해야 될 것 같아서 쉬라고 했다.

다음날 아침, 일곱 난쟁이는 백설공주가 걱정되어 일을 하루 쉬기로 했다. 그리곤 백설공주에게 다들 어떻게 된 일인지 물었다. 백설공주는 '모르는 할머니가 빗을 주었는데 사용했더니 그때부터 기억이 안 난다고 했다'. 일곱 난쟁이들은 백설공주의 말을 들은 뒤부터 더 걱정되었다. 그리고 백설공주에게 항상 조심하라고 신신당부를 하였다. 하지만 여전히 백설공주는 일곱 난쟁이에게 미안했지만 말을 듣고 난 뒤 고마웠다. 그래서 백설공주는 일곱 난쟁이들을 위해 열심히 살겠다고 다짐했다.

여느 때와 다름없이 지내던 백설공주는 어느 날 사과 장수 할머니를 만났다. 백설공주는 그냥 주겠다는 말에 의심스러웠지만 소원을 들어준다는 말에 넘어갔다. 그래서 결국 사과를 먹었다.

백설공주는 그 사실을 알았을 때의 기분이 어땠을까?

– 자유글

나는 그냥 아무 생각없이 글을 써보려고 한다. 좋아하는 노래를 들으면서. 나는 이것을 '자유글' 이라고 부르기로 했지만 어쩌면 '자유를 바라는 글' 이 아닐까 싶다. 왜냐하면 내 머릿속에 드는 생각들을 조금이라도 없애보려고 좋아하는 노래들을 들으면서 글을 쓰고 있기 때문이다.

사실 지금은 12시12분 잘 시간이다. 물론 나는 12시보다 조금 더 늦게 잔다. 나는 보통 '보여주기식' 글을 쓰는 것 같다. 그래서 그러한 글들을 쓸 때는 조금 더 신경이 쓰인다. 하지만 이번 글은 그냥 그런 생각없이 '아무말 대잔치' 를 열어보려고 한다. 아무말 대잔치는 내가 가장 자신 있는 글쓰기다. 조금 웃긴 이야기지만. 왜냐하면 나는 글을 쓰는 것을 기본적인 에세이 쓰는 법 빼고 딱히 어디서 배운 적이 없기 때문이다.

나는 지금 꽤 신이 난다. 주변을 관찰해보면, 불은 출입문 쪽 한 개만 켜져 있고, 내 귀에는 좋아하는 노랫소리가 들리고 헤드폰이 끼워져 있다. 그리고 몸은 비트에 맞춰서 조금씩 들썩들썩 거리고 있고, 손가락은 끊임없이 움직이고 있다.

내 책상에는 내가 지금 글을 쓰고 있는 pages가 켜져있는 노트북과 실테 안경 하나와 뿔테 느낌의 안경 하나로 총 2개의 안경과 오늘 산 귀엽게 생기고 왼쪽 발바닥에 초콜렛 브랜드인 키세스 그림 그려져 있는 흰색 곰돌이 인형과 물병 한개와 오늘 산 딸기와 블루베리가 들어있는 과일그릇이 하나있다. 그리고 가장 킬링 포인트인 친구한테 받은 미국에서 귀한 알맹이는 다먹고 껍질만 남은 청포도 사탕이다. 참고로 곰돌이 인형은 내 쪽을 바라보고 있다. 아마 곰돌이의 시야에서 나 또한 보일 것이다.

12시가 지난 지금 12달 중에 두번째인 2월과 9를 거꾸로 한 6일이다. 나는 분명히 지금 글을 굉장히 맥락없이 쓰고 있는데 왜인지 이 글이 내가 그동안 써온 글 중에 가장 마음에 드는 것일까. 참 신기한 일이다. 내일은 아마 해가 동쪽으로 떠서 서쪽으로 질 것이다. 물론, 맞는 말이다.

오늘은 가장 신기한 날이다. 그리고 오늘은 행복하다는 감정을 꽤 많이 느꼈다. 행복했다, 오늘 하루. 내일 하루는 어떻게 될지 잘 모르겠지만. 나는 요즘 힘들거나 생각이 많아지려고 할 때 이것을 스스로 인식하면 기도를 한다.

내가 유일하게 할 수 있는 일이어서. 사실 헤드폰을 오래 끼고 있으면 귀가 양쪽으로 눌려서 아프다. 하지만 노래를 가장 가까이에서 들을 수 있기에 나는 노래의 세계에 흠뻑 빠지고 싶을 때 주로 헤드폰을 꺼내곤 한다. 그래서 오늘도 조금은 늦은 시간일 수도 있는 12시에 헤드폰을 침대 밑에 있는 서랍에서 꺼내서 책상 앞에 앉았다. 그리고 노트북을 열어 내가 아무글이나 쓸 수 있는 새하얀 백지같은 새 다큐멘터리를 열었다. 글을 쓰고 있는 지금, 내 노트북 상단에는 iCloud에 저장공간이 부족하다고 뜬다. 귀도 아프고 저장 공간도 늘리라고 하니 머리가 지끈거리는 것 같은 기분탓이 든다. 하지만 둘다 포기할 수 없어서 조금은 참아본다, "어떻게든 되겠지."

“휴,” 방금 내가 가장 아끼는 글인 자유글이 삭제된 줄 알고 식겁했다. 그런데 이 글도 점점 ‘보여주기식 글’이 되어가는 것 같다. 아끼는 글이라 욕심이 생겨서 그런가. 다시 돌아가야겠다. 이 글을 쓰기 시작한 20분 전의 초심으로.

글을 쓴다는 건 많은 노력이 필요해서 조금은 밉다가도 내 생각을 유일하게 알아주는 물체 같아서 줄곧 좋아진다. 인간이란. 참 많은 생각을 하면서도 생각없이 살 때도 많은 내 인생이 다른 사람들의 인생과 별반 차이 없다는 사실이 다행이면서도 별거없는 나의 인생에 서글퍼진다.

노래를 듣고, 듣고, 또 듣고 하다보면 어떨까? 나는 아무리 좋았던 영화나 드라마라도 다시 보는 것을 별로 좋아하지 않는다. 어떠한 작품을 봤을 때 처음 느꼈던 감정이 가장 와 닿고 좋기 때문이다.

사람은 참 알 수 없다. 가끔은 정의가 불끈 솟아올라 관련 없는 이를 발 벗고 나서서 도와줄 때도 있는 반면, 이렇게 치사할수가 있나 싶을 정도로 간사할 때도 있다. 그럼에도 우리는 서로 도우며 마음을 쓰며 살아가는 이유는 어찌됐든 다 같은 사람이 살기 때문이 아닐까 싶다. 그래서 나는 사람들이 전부 미울 때도 있지만 전부 좋을 때도 있다.

- Continue..

판권

초판 인쇄: 2026년 1월 10일
초판 발행: 2025년 1월 10일

펴낸이: 김병완
펴낸곳: (주) 플랫폼연구소

출판등록: 제 2020-000075호

이메일: pflab2020@naver.com

주소:서울시 강남구 삼성동 116 백우빌딩 402호

ISBN 979-11-24195-65-9(03010)